看見老台灣

§ 張建隆 著 §

市長 馬英九 贈 八十九年六月

目錄

先民的故事

懷念的福爾摩沙

先民的足跡

山與海的子民

民以食為天

胼手胝足的歲月

福爾摩沙的寶藏

作者序──與歷史相遇

　　古希臘哲學家有一句話：「人不能踏進同一條河兩次。」意思是說，當你第二次踏進同一條河的時候，腳下的河水已經不再是上一次的河水了。因為河水是不斷流逝的，不會停留在同一處。所以兩千多年前，孔子曾對著河水發出這樣的歎息：「逝者如斯夫，不舍晝夜。」時光像流水一般，每分每秒都在流逝。

　　時光一去不復返，青春一去不回頭。老態龍鍾雞皮鶴髮的老祖母，有誰還能回想起她昔日青春年華的倩影？青春只有一次，人生只有一次，歷史也只有一次。往事只能回味，但回味已不是往事本身了，只是想像和記憶殘餘的組合。至於古代先民的前塵舊事，更是飄渺遙遠。歷史書寫再怎樣生動，都只是後人拼湊出來的故事罷了，並不是歷史的重現。除非像科幻小說，搭乘時光隧道機器，人類無論如何都無法重返歷史現場，因為歷史早已隨著時光的洪流一去不復返了。

　　然而就在這種歷史的滾滾洪流中，現代科技的照相術，像魔術一般，利用光學原理和感光反應，在按下快門的刹那，把當下的光影留駐在底片上。雖然只是平面的圖像，但一張張的相片像是歷史的切片，將當下的時光凍結起來，以影像的形式，重現在世人眼前。透過照片，不僅能看見老祖母少女時期的青春美貌，還能想見悠悠歲月的時代氛圍。

　　人類拍下第一張照片，可能是在一八二二年左右。大約到了一八五○年代之後，隨著外國遠征隊、旅行家、自然科學家、傳教士、領事和海關職員的到來，照相術開始登陸台灣。尤其是一

八九五年日本統治台灣以後，人類學研究、總督府調查、記者報導、以及寫真館的開設，爲台灣留下了相當豐富的影像紀錄。包括山川景物、原住民生活、早期街道、城鎮建築、產業交通、以及民俗文化等。特別是，台灣早期的影像紀錄，大都出自於外國攝影師；對他們而言，充滿異國情調的台灣風土民情，總是吸引著拍攝者好奇的目光。因此許許多多庶民生活的點點滴滴，成爲他們獵取鏡頭的對象。鏡頭下的台灣先民，並還未理解或還未學會在鏡頭前面擺姿式，無意間留下了最眞實的影像紀錄。也是這些最貼近日常生活的歷史照片，讓後代人得以跨越時代的鴻溝，直接和台灣歷史面對面。

當我們面對這些老照片時，彷彿見到了久別重逢的親人。因爲這些畫面總是如此的樸實感人，觸動著我們生活經驗中最深切的情愫。當我們和照片對望的片刻，似乎已經完全明瞭：原來我們和先民的處境是血脈相連的，我們和台灣歷史的遭遇是密不可分的。至此，我們終於和歷史相遇，不是假藉時光隧道機器，而是直接和歷史的光影交談。

§誌謝

書中各篇文字，自一九九五年元月份開始，在台灣省教育廳的出版刊物《兒童的》月刊按期刊載，承蒙該月刊編輯崔蕙萍小姐的催生和呵護，四年多下來竟也累積了五十多篇；後來又承蒙「玉山社」總編輯魏淑貞小姐主動邀稿，以及編輯王曉春小姐費心整理稿件，始促成此書。此外，長期的撰寫期間，妻子秀美的鼓勵和姪兒哲瑋的期待，一直是寫作的動力來源。尤其要感謝的是老照片的原拍攝者，他們大多沒留下姓名，卻爲我們留下了最寶貴的歷史資產。

張建隆 1999年8月10日

§ 阿嬤和阿祖的童年往事 §

編織大甲帽的小女孩

　　台灣中部大甲溪下游沼澤地區，自古以來生長著一種草莖呈三角形的藺草，俗稱大甲草，是台灣特有的草本植物。大甲草曬乾後，可編製成草蓆、草帽、坐墊、錢包等日用品。因為質地柔軟又吸汗不黏身，很受大家喜愛，而且馳名國內外。

　　相傳大甲蓆的製作，是在乾隆元年（距今263年前），由大甲的原住民婦女發明。到了嘉慶年間（距今約194年前），附近村莊的漢人婦女也學會了這項手工藝。起初，大家採用野生的大甲草來編製；後來因需求量日增，野生大甲草供給不足，於是開始以人工栽植。

利用早晚較為陰涼的時候，在門口巷道間，婦女和小女孩一起動手，忙著編織大甲帽。
圖片出處：《日本地理風俗大系》第15卷

大甲街（今台中縣大甲鎮）的小女孩和婦女編織大甲帽的情景，小小年紀就得協助做手工賺錢負擔家計。照片約攝於七十多年前，當時的婦女還穿著傳統服裝，梳著傳統髮髻。　圖片出處：《日本地理大系台灣篇》

　　隨著銷售量的劇增，編織大甲草製品逐漸成為當地婦女最重要的家庭副業。而且在教育不普及又重男輕女的時代，沒有機會上學的女孩，往往得參與編織的工作。通常她們在七、八歲時就要開始接受編織訓練，到了十一、二歲時就成為熟練的女工，可以編出各花樣的高級製品。

飼牛囝仔

　　從前，台灣的老人家最常教導年輕人的一句話是：「甘願做牛，免驚無犁通（可）拖」（願意做牛的話，就不必擔心沒有犁可以拖），意思是說：如果肯幹的話，別怕沒有工作做。

　　之所以會用牛做比喻，是因為以前農業時代，牛是最賣力、也是最不可或缺的工作伙伴；只要一提及工作，就會聯想到牛。換句話說，牛是當時最重要的生產工具，任何一戶農家要是缺少牛，簡直就無法耕作，也就無法謀生了。因此，好好照顧牛隻，不要讓牛操勞過度、挨餓或生病，也是一件要緊的事。

　　除了牛生病或母牛生小牛時，需要請有經驗的人幫忙之外；所謂好好照顧牛隻，不外乎：牽著牛到野草茂盛的「草埔」去，讓牛兒能悠閒地吃個飽，並好好休息，如果是夏天氣候炎熱也要讓牛兒到水塘裡泡水，涼快一下。這一類的工作，雖然輕鬆，但很耗費時間，因此很自然就落在農家小孩的身上。

　　一般都戲稱照顧牛隻的小孩為「飼牛囝仔」，就是「牧童」的意思。以前幾乎每個農家小孩都曾做過「飼牛囝仔」。也有不少窮人家的小孩去做職業的「飼牛囝仔」，同時為好幾戶農家照顧成群的牛，賺取一點小錢以補貼家用。

　　「飼牛囝仔」時常結伴成群，在空曠的草地上或涼快的池塘畔，一邊看顧牛群，一邊嬉戲玩鬧，渡過難忘的童年。

昔日的「飼牛囝仔」，頭戴斗笠，身穿傳統的「台灣衫」，坐在牛背上，臉上綻放著憨厚的微笑。
圖片出處：《日本地理風俗大系》第１５卷

賣棕柴屐的褪赤腳

「棕柴屐」台語唸作「ㄗㄤ ㄘㄚˇ ㄍ一ㄚ」。

「柴屐」就是木屐的意思，是傳統台灣人十分普及的家居穿著器物。一般多取龍眼木或黃槿木等堅硬耐磨、取材容易的木塊切刻製成屐底，然後在屐底的前半端兩邊釘上俗稱「柴屐耳」的帶子。因為「柴屐耳」帶子材料的不同，「柴屐」又可分為「棕柴屐」和「帆布柴屐」。

「棕柴屐」顧名思義就是以棕櫚的纖維製成「柴屐耳」；而「帆布柴屐」最早的時候是以「戎克船」（帆船的一種）的帆布製成，後來改用汽車的舊輪胎，最後又改採透明的塑膠皮，就是至今仍可在傳統市場附近的老店買得到的那一種木屐。

據說「棕柴屐」的發源地是昔稱「雨港」的基隆。緣由於基隆多雨泥濘難行，因此就發明了這種屐底加厚、屐跟加高、用棕櫚纖維（不怕雨水且強韌耐用）做帶子的「棕柴屐」，因此又被暱稱為「基隆柴屐」。「棕柴屐」非常適合於在泥濘濕滑的地面上行走，而且又物美價廉，充份呈現了昔日台灣民間的智慧。

走起路來「叩叩」作響的木屐聲縈繞四周，簡直就是傳統台灣家居生活的最佳寫照，也是懷舊的文學家最喜愛描寫的場景之一。雖然如此，昔日的勞動者幾乎全都打著赤腳，一則為了省錢，再則便於長途奔波。照片中，頭戴斗笠身著台灣衫台灣褲的小男孩，用扁擔挑著「棕木屐」沿街叫賣，他自己卻是打著赤腳。

戴著一頂斗笠的小男孩，用扁擔挑著兩串棕柴屐沿街販售，自己則是打著赤腳。
圖片出處：《台灣紹介最新寫真集》

〔註〕：「裼赤腳」台語，打赤腳的意思。「裼」台語發音無法用注音符號拼出，但與
「燙」字的台語發音同。

剃頭師傅與剃頭擔子

　　從前台灣沒有理髮廳，想要理髮，就得找活動的剃頭擔子。當時不叫「理髮」，而是稱作「剃頭」。

　　那個時代，只有男子才需要「剃頭」，而且永遠只有一種髮型：大半個腦袋瓜刮得精光，留下後腦杓子的頭髮結成長長的髮辮。這種曾經一度被外國人謔稱為「豬尾巴」的髮型，正式的名稱應叫「薙髮蓄辮」。

　　「薙髮蓄辮」原是滿族人用來誇示民族特色的象徵，但在17世紀中葉滿清征服明朝帝國之後，便強迫全中國所有男子都得剃頭結辮，若不剃頭就要殺頭，即所謂的「留髮不留頭」。1683年（清康熙22年）清廷降服鄭氏王朝，把台灣收入清國版圖，從此台灣的人民也被迫過著薙髮蓄髮的生活，達兩百多年之久。

剃頭師傅正在為一位少年結髮辮。少年坐在梯形的椅子櫃上，他的面前有一個架著水桶和臉盆的木架子，臉盆上掛著毛巾。　圖片出處：《台灣紹介最新寫真集》

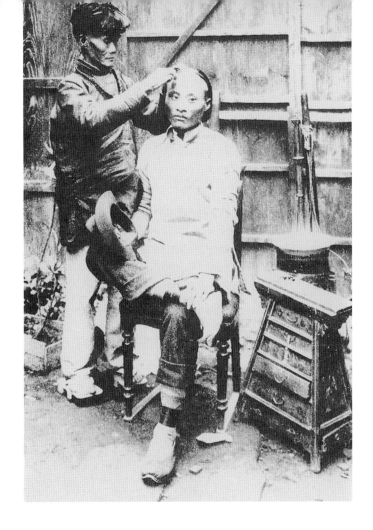

一位穿戴整齊的剃頭師傅正為顧客剃頭。顧客坐在椅子上，他的座旁有一個梯形的椅子櫃，從照片中可清楚看出椅子櫃有五個小抽屜。此照片攝於一九〇八年。　圖片出處：《台北古今圖說集》；台北市文獻會出版

　　因此，在前清時代，剃頭業是一種相當普遍的行業。剃頭師傅挑著道具四處營生，有時受召喚到人家家裡服務，但大部分時候是在街上當眾幫顧客剃頭。他們的營生道具就是「剃頭擔子」。

　　「剃頭擔子」十分別致而有趣：一邊是裝著水桶和臉盆的木架子；另一邊則是一隻梯形的椅子櫃，既可充當顧客的座椅，又附有小抽屜，可裝放剃刀、梳子、剪刀等小工具，十分方便。剃頭師傅的全套家當，只需一根扁擔就可以挑著到處去討生活了。

野台戲

　　昔日台灣農業社會，人們大都是過著「日出而作，日入而息」的單純生活，平時很少有休閒娛樂。因此每逢廟會慶典，大家便藉此機會大事慶祝一番。

　　家家戶戶殺雞宰鴨，準備牲禮祭拜神明，並且用來宴請親朋好友。大魚大肉對當時平日省吃儉用慣了的人們而言，不啻是佳餚珍饈！

　　廟會的高潮是陣頭迎神繞境遊行，除了敲鑼打鼓、舞龍舞獅、吹奏樂器，還有各式各樣的陣頭表演，如七爺八爺、八家將、宋江陣、踩高蹺等，好不熱鬧。不過易受人們歡迎的是在廟

野台戲的演出是從前台灣農業社會最主要的娛樂活動。此照片攝於日治時代的台南郊外。　圖片出處：《日本地理大系台灣篇》

比較富裕的城鎮會請來戲服道具較為完備的戲班前來演出。
圖片出處：《日本地理風俗大系》第15卷

前廣場爲酬謝神明而演出的「野台戲」。

　　野台戲就是用木柱和木板建臨時的戲棚，在上面演戲。舞台上沒有布景，道具也十分簡陋，只有在戲棚中間隔著一塊布幕，分作前台和後台。前台供演出之用，後台則供演員化妝和換穿戲服。演出的內容通常都是忠孝節義的歷史故事。靠著樂器的伴奏、演員的演出和觀眾的想像力，大家暫時忘掉現實的瑣事，而沈浸在歷史人物的感情世界裡是從前人們農閒之餘主要的娛樂。每當廟會的野臺戲演出時，大家在吃過了拜拜的食物之後，都會扶老攜幼帶著椅子去看戲。

聽「講古」

「講古」，台語唸作「ㄍㄤ ㄍㄛˋ」，就是「說故事」的意思。聽「講古」，翻譯成現代的用語，便是：聽人家說故事。

說故事，似乎是一件很平常的事情。但是在從前，「講古」卻是一項專門的行業。以「講古」為業的人，通常被稱作「講古先生」或「講古先」。他們經常在廟內、廟前或市集人多的地方，擺設「講古」的會場。所謂擺設，不過是幾張小凳子，供聽眾坐。「講古先」坐在聽眾的中央，手中持著一本「古書」【註】，一面唸著書中的內容、一面講解。並且，配合著書中故事的情節，以抑揚頓挫的聲腔，有時更加上生動的手勢比劃，把聽眾引入故事的想像世界中。

但是每當故事說到了緊要關頭，總是要暫停下來說道：「欲知後事如何，且聽下回分解」（想要知道結果如何，請聽下一回的講解吧）。接著「講古先」便將「古書」合起來，並持書伸向聽眾的面前。這時，聽眾便會紛紛從口袋裡掏出一、二分錢（一分錢約等於現在的十元）放在「古書」的封面上；而雜在人群中聽「講古」的小孩子就會趕緊躲開。

等到錢收得差不多了，「講古先」便重新坐回座位上，打開「古書」，繼續講說剛才中斷的故事；這時候小孩子也又靠攏過來聽講古。

「講古先生」坐在矮机前，藉著一盞燈火，一面唸著桌上打開著的「古書」，一面比著手勢，聽眾則聽得聚精會神。聽「講古」是從前平民大眾最主要的文學活動之一。
圖片出處：《台灣紹介最新寫眞集》

　　講古的行業，可以追溯到宋代，大約已有七百多年的歷史。在沒有電視和收音機的從前，不僅成為人們主要的休閒娛樂，而且更發揮著激發人們文學想像力的功能，在文化傳播上扮演著相當重要的角色。

【註】古書在這裡指「講古」用的書，通常是古代的章回小說，比較有名的如《三國演義》、《水滸傳》、《西廂記》等。內容多為歷史故事、忠孝節義或勸人為善的神怪故事。

書房

　　清代時期，當時的父母如果想讓自己的小孩受教育，都是送進「書房」就學。

　　「書房」也稱「學堂」，是一種民間自力興辦的私塾。設立的方式約有三種：一、由教師自行開設；二、鄰里鄉人合力捐資延聘教師；三、殷富的家族獨力聘請教師。

　　通常「書房」只有一間教室，設置在廳堂內，正面供奉至聖先師孔子或文昌帝君（專司科舉考試的神明）的神位，後面是教師的起居室。

傳統的書房都供奉孔子或文昌帝君的神位。日治時代時日本政府推行國民教育，傳統書房被要求增加日語的教學。此照片為台北大稻埕一書房上課的情形。
圖片出處：《日本地理大系台灣篇》

從這個角度可以看到黑板上寫的日本字，老師正在教日語。
圖片出處：《日本紹介最新寫眞集》

　　當時「書房」教育的目的，主要在培養學童讀書和識字的能力，或者進而幫助學生將來能參加科舉考試。教學科目以讀書（從三字經到四書五經）、學字和作文為主。上課時間從早晨六、七點，到下午四、五點。

　　學童多半在七歲入學，但無一定的修學年限，通常可以讀到十五、六歲。上學必須繳學費，有些家庭只讓小孩就讀一、兩年或三、四年就中途輟學。

　　日治時代以後，日本政府開始推行國民教育，傳統的「書房」被要求增加「國語」（日語）和算術等教學科目。後來，「公學校」（國民小學）日漸普及，取代了書房，書房就逐漸式微了。

獅陣與藝閣

　　從前，台灣最熱鬧的節慶，莫過於迎神賽會了。無論是城市還是鄉下，每逢當地神明誕辰的祭典廟會之日，總是全員出動，大事慶祝一番。

　　除了演戲「酬神」（答謝神明一年來的庇佑），最受矚目的節目，便是迎神繞境遊行，即台灣民間俗稱的「迎鬧熱」，也就是迎接熱鬧的意思。這種習俗的緣由，可能是因為一般相信：遊行的場面越是熱鬧，就越能表示對神明的信仰，因而越能獲得神明的保佑。大家都能熱心參與、都想賣力演出，其熱鬧可想而知。

　　遊行隊伍主要是由各式各樣的「陣頭」和「神輿」所組成。

「獅陣」就是指舞獅的陣頭。當時的獅子都是陣頭的成員自己動手製作。從照片中獅頭造形的精緻，也可以看出傳統台灣民間藝術的水準。　　圖片出處：《日本地理風俗大系》第15卷

「藝閣」早期是由人扛著遊行，後來改用牛車拖拉。　圖片出處：《日本地理風俗大系》
第15卷

「神輿」就是抬神像專用的轎子。通常附近寺廟的神明也會前來祝
壽參加遊行，所以在隊伍中會出現許多不同神明所乘坐的神輿。

至於「陣頭」就更加多彩多姿，大有看頭了。一組參與遊行表演
的團隊就叫作一個陣頭。小孩子最喜愛看的陣頭有：舞龍、舞
獅、踩高蹺、八家將、宋江陣、跳鼓陣、牛犁陣、布馬陣…，此
外還有吹奏著各種傳統樂器的北管陣、南管陣或什音團等；不過
最為特別是一種稱作「藝閣」的陣頭。所謂「藝閣」，就是讓小孩
子穿上古裝打扮成美麗的神仙或歷史人物，立坐於裝潢得美輪美
奐的閣台上，供眾人欣賞。當時有些父母相信讓小孩參與藝閣陣
頭可以驅邪保安，所以忍心讓他們長時間曝曬在烈日下，而從前
的小孩也特別有能耐，竟撐到了遊行結束而未曾中途「罷工」。

娶新娘

結婚是人生的一件大事，古時候的人們尤其慎重其事。

古人比今人更重視婚姻大事，除了因為農業社會比較注重倫理道德和人情世故之外，經濟因素也是另一項重要的考量，光是「聘金」就令人吃不消。有些男士，必須從青年時代就開始儲蓄，等到錢存了差不多之後，才敢考慮結婚之事。當然也有不少男人因為太窮，一輩子都無法娶妻，或者只好讓女方「招婿」，嫁給妻子了。

用來裝盛禮物或嫁妝的「春檯」是最引人注目的焦點。　圖片出處：《日本地理風俗大系》第15卷

昔日結婚程序的繁文縟節，足以令人望而卻步。從「問名」（比對男女雙方的生辰八字是否相合）、「送定」（男方帶著禮物到女方家去定親）、「完聘」（男方送聘金和聘禮給女方，女方同時

從前娶新娘是用四人扛的大花轎把新娘迎娶進家門，張燈結彩，好不熱鬧。
圖片出處：《日本地理風俗大系》第１５卷

把喜餅分贈給親友）、「問期」（選定結婚的日期）到「親迎」（男
方到女方家去迎娶新娘）和「做客」（結婚第四天新郎帶新娘回娘
家），每一道程序都要遵循許多禮儀細節，而且也要避免一些禁
忌。這還不包括男方要佈置新娘房和女方要辦嫁妝等費力耗時的
準備工作。一般旁人所見到的結婚當天迎娶時熱鬧的場面，不過
是整個過程中的一個片斷罷了。

古時候迎娶新娘的隊伍，鼓吹陣後面是媒人轎，再來是扛著「春楹」的行列…陣容相當壯觀、熱鬧，而且很有看頭。　圖片出處：《台灣紹介最新寫真集》

　　當然，在完成了大部分的繁複過程之後，大家最期待的就是「焄新娘」了。「焄」，台語唸作「ㄘㄨㄚˇ」。「焄新娘」就是迎娶新娘的意思，也就是前面所說的「親迎」。迎娶新娘的隊伍，陣容包括：鼓吹陣、兩姓燈、媒人轎、打鑼、春楹、儐相轎、新郎轎、新娘轎等等，並且在最前面有專人負責沿途燃放鞭炮，相當壯觀。其中最引人注目的就是「春楹」。春楹台語唸作「ㄘㄨㄣ ㄒㄧㄤˇ」，是一種用木頭做成的方型盤子，兩端連著木架，穿上扁擔或竹桿，由兩個人扛著走，也稱作「扛楹」。「春楹」裝著是男方送給女方的禮物，回程時則裝上新娘的嫁妝。

懷念的亭仔腳

　　走進台灣的老街，特別有一股濃濃的人情味。除了傳統的建築形式令人生出思古之幽情外，最主要的是人性化空間之佈置，尤其是「亭仔腳」的設計，最讓人流連忘返。

　　亭仔腳就是騎樓的意思，但也不盡然等同於騎樓。因為騎樓指的是兩層樓以上的建築物前方所留出的橫向走道，騎樓顧名思義就是樓房「騎」在行道上，但只有一層時也可以設置亭仔腳。

　　關於亭仔腳的由來，學界仍有不同的看法，目前還沒獲得一致的定論，不過很可能是和氣候有關。台灣天氣炎熱多雨，亭仔腳剛好可以讓行人遮日避雨，同時商業活動也可以繼續進行。可能是這樣的緣故，所以台灣舊市區的老街到處都有亭仔腳的設置。

清朝時代艋舺（萬華）的亭仔腳。　　圖片出處：《台北市發展史》；台北市文獻會出版

清朝時代艋舺（萬華）的亭仔腳。　　圖片出處：《台北市發展史》；台北市文獻會出版

　　傳統亭仔腳的構造是街屋結構的一部分，換言之，街屋在建築時自動將門牆內縮，留出門前的空間做公共行道，並且提供屋簷給行人遮日蔽雨。亭仔腳的設計，除了處處為行人著想的人性思維外，更拉近了家屋與街道的距離。亭仔腳既是街屋的外延又是街道的內伸，兼顧家居溫馨與行道方便，大大拉近了商家與路人的距離。

　　不過更具意義的是亭仔腳提供了一個絕佳的都市空間，讓商街的居民，尤其是小朋友，可以在亭仔腳進行社區活動、交誼和遊戲。因此古時候亭仔腳總是充滿著友善的寒暄和兒童的嬉笑聲。反觀今日的都市，人車爭道，人情冰冷，真令人懷念從前的亭仔腳時代。

日治時代台北市街的亭仔腳。　圖片出處：《日本地理風俗大系》第１５卷

§ 先民的故事 §

安平追想曲

　　台灣的古都在台南，就是所謂的「台南府城」。今天我們還可以在台南市找到許許多多的「台灣第一」，如：台灣第一街延平街，全台首學台南孔廟，台灣第一間佛教寺院彌陀寺，台灣第一所西醫醫院新樓醫院等。特別是台灣最古老的港埠——安平。

　　安平古時候稱作「大員」，為原住民「台窩灣社」的所在，這也是「台灣」地名的由來（大員、台窩灣和台灣，用閩南話唸起來，發音都一樣）。光憑這一點，就可以知道安平在台灣史上的重要性了。

十七世紀荷蘭人繪製的大員島，插有國旗的城堡即是熱蘭遮城，城堡左邊有成排的街屋，就是大員市鎮。　圖片出處：《日本地理風俗大系》第15卷

日治初期，安平港淤積情形已經相當明顯，只勉強可供小汽艇和小船停泊。
圖片出處：《南部台灣寫眞帖》

　　古代的大員是孤懸在海上的岸外沙洲，從尾端的一鯤身銜接
二鯤身、三鯤身，一直到七鯤身才接連到陸地，延綿環抱，成形
一個天然的港灣。

　　十七世紀海上強權之一的荷蘭人，爲了拓展遠東的貿易，
1624年前來佔領大員，並在形勢險要的一鯤身高地上修築砲台，
控制港灣的出入，稍後又改建成磚造的城堡，取名「熱蘭遮城」，
俗稱「紅毛城」。由於貿易往來相當熱絡，不久熱蘭城外的東邊逐
漸形成一處街屋井然的聚落——大員市鎮，這裡應該就是台灣最
古早的城鎮。

1662年，鄭成功逼降了荷蘭人，取得台灣做為反清復明的基地，並把一鯤身改名為「安平」以紀念他的故鄉泉州安平，從此安平的地名就一直延用至今。18世紀以後，安平港開始淤積。如今，不僅安平港已成陸地，甚至連外側也被岸外沙洲包圍，距離海岸已有數公里遠了。至於熱蘭遮城也因天災人禍及歲月的摧殘，僅剩一小段外城高牆殘蹟。

日治時代的安平燈塔，所在位置就是熱蘭遮城古堡的內城城垣。
圖片出處：《日本地理風俗大系》第15卷

鹿港「不見天」

在台灣的開發史上，有一句名言：「一府，二鹿，三艋舺。」「府」是指台灣府城（今台南市），「鹿」就是指鹿港，而「艋舺」則是今天台北市的萬華。意思是說：漢人移民來台灣，大致是由南而北，逐步墾殖開發；而做為交通要衝和經濟重心的主要港口城市，也是由南而北，相繼興起，依序是：南部的台灣府城（17世紀末）、中部的鹿港（18世紀末）和北部的艋舺（19世紀初）。

鹿港，位於鹿港溪下游入海處的北岸，先前也稱作鹿仔港。古時候是原住民平埔族「馬芝遴社」所屬的區域。大約在清初的時候，漢人開始來這裡拓墾，到了乾隆年間，鹿仔港已經是彰化

鹿港「不見天」景觀。從高處看下去，只見一片屋海，完全找不到街道，因為都加蓋屋頂了。　圖片出處：《鹿港懷古─鹿港老照片徵集輯》；左羊出版社；照片提供：鹿港鎮公所

平原稻米的輸出港口，因此在乾隆49年（1784年）的時候，就正式開港。此後，鹿港商船雲集、商家林立、百貨充盈，而成為繼台南之後，另一個繁榮的大商港。尤其是1785到1850的六十多年間，可以說是鹿港的黃金時代，主要的商街和建築都完成於此時。

也許是經商致富的緣故，鹿港商街的建築都非常的精美考究而且富於特色。無論是磚砌、木雕或石刻，都是民間藝術的上乘之作。尤其是俗稱「不見天」的街屋更是絕無僅有。所謂「不見

昭和九年（1934），日本政府在鹿港實施市區改正，拓寬街道，豎立電線桿，因此把「不見天」給拆掉了。照片為剛剛拆掉「不見天」而露出街道和電線桿的情景。　圖片出處：《鹿港懷古—鹿港老照片徵集輯》；左羊出版社；照片提供：鹿港鎮公所

鹿港「不見天」的街道內部情形，好像一條幽深而熱鬧的長廊。「不見天」的屋頂雖然都設有天窗用來採光，但除非是大晴天否則白天也得點燈，從照片中可以看到掛在柱子上的燈籠和街尾的點點燈火。　圖片出處：《鹿港懷古─鹿港老照片徵集輯》；左羊出版社；照片提供：鹿港鎮公所

天」就是在街道上加蓋屋頂。如此一來，任憑日曬雨淋或狂風暴雨，行人絲毫不在意，街上的買賣也照樣進行。而且「不見天」的設計也有防盜的功能。天黑時，只要把設置於街頭巷尾的隘門（街道的大門）關上，即使是飛簷走壁的盜賊也難以進入。可惜的是，隨著時代的變遷，鹿港的「不見天」早已拆除殆盡，後人只有從老照片中去想像和憑弔了。

城門的故事

台灣的一些城市，至今仍可找到若干古代舊城垣的遺蹟——「城門」，雖然大多已殘破不堪，或者已經整修不復古貌。甚至有些地方，城門早已不見了，但仍沿用其稱呼，如台北市的「西門町」。

在前清時代，凡設有城垣之處，即為各地方的政治中心點，並成為該地區的經濟和文化的匯集點。比較著名的有：台南府城、鳳山城、嘉義城、彰化城、竹塹（新竹）城、噶瑪蘭（宜蘭）城、恆春城、台北城等。

恆春城是台灣最南端的城市。此照片是在恆春西門的城門外拍照的，從城門上可看到「西門」兩個大字。　圖片出處：《日本地理風俗大系》第15卷

鳳山舊城的北門「拱辰門」。從照片中可以看出城門的兩旁還裝飾有門神的浮雕，十分
講究。小販們仍沿襲舊習，在城門外擺攤販售東西。　圖片出處：《日本地理風俗大系》
第15卷

　　但是早在滿清佔領台灣初期，有一段相當長的時間，並沒有
設置城垣的規劃。後來因為台灣島上相繼發生了幾次變亂，引起
當局的重視，基於防備上的需要，才開始在各地方政府所在處構
築城垣。起初，有的是圍木柵作城，有的是種植刺竹為屏藩，有
的則築土堆做城牆。

後來，由於經濟逐漸充裕，加以武器進步，城垣都改以砌石和磚石，如日後人們所見；而城門也修築得美輪美奐起來。因此，原先只是作軍事防備用途的城門，到了後來也逐漸成為威權和文明的象徵。一道城門，分界出城市和鄉野之間的差距。似乎城裡住的大多是有錢和有地位的人，而鄉下人「進城」去辦事也成為一件相當鄭重的事。至於城門口，則成了小販聚集或農民兜售農作物的地方。

鳳山舊城（在埤仔頭庄，今高雄左營）的東門，日治初期，城門外仍是一片荒野之地。
圖片出處：《日本地理風俗大系》第15卷

台南大南門。此照片攝於日
治時代。當時大南門的外廓
城牆已是斷垣殘壁。　圖片
出處：《日本地理大系台灣
篇》

台南市是台灣最古老的城市，城市的規模和繁榮曾爲全台之冠，因此所興建的城門也最
爲可觀。照片爲台南東門昔日的英姿。　圖片出處：《日本地理大系台灣篇》

一八九五滿清割讓台灣

距今一百多年前，西元1895年的4月17日，「大清帝國」的全權大臣李鴻章與「大日本帝國」總理大臣伊藤博文，在日本九州的馬關簽訂了改變台灣命運的「馬關條約」。從此，中國把統治了212年的台灣拱手讓給日本。

清朝是在前一年（1894年）爆發的甲午戰爭中，遭日軍徹底擊敗，而被迫簽下這項割地賠款的屈辱性條約。至於戰爭起因，簡單說就是：新興的日本向老大的中國挑釁，爭奪朝鮮半島的宗主權。雙方為了朝鮮（今韓國）開戰，結果倒楣的卻是台灣。主要原因有三：一、意圖染指朝鮮的還有俄國，日本不易下手；二、日本想占領台灣作為向南拓展勢力的基地；三、在滿清朝廷的心目中，台灣位於中國邊陲，比較不重要。

但是對於台灣民眾而言，割讓台灣等於把他們給出賣了。因此，被清廷拋棄的台灣子民，只好以血肉之軀來保衛家園，向日本展開武力抗爭。

從5月29日，日軍登陸台灣東北端的鹽寮，到10月22日，日軍攻克台南城，台灣方面死難者高達一萬四千多人，而擁有精銳武裝的日本軍方也付出相當慘重的代價。台灣居民拼死護土的英勇行為永遠在歷史上留下記錄。

奉命率軍前來攻佔台灣的日軍指揮官能久親王（中間坐者），一八九五年五月三十一日
在登陸地點的鹽寮海濱砂地上紮營設置司令部。不久，能久親王在南下的征途中喪命，
相傳是受到狙擊中彈落馬。　圖片出處：《日本地理大系台灣篇》

霧社事件

霧社聚落全景。霧社位於台灣中央位置,即濁水溪上游與眉溪上游的脊陵台地上,清代即有「致霧社」名稱。　圖片出處:《霧重雲深》

　　霧社事件距離今天67年前,在白雲繚繞的群山之間,爆發了一椿悲壯慘烈的武裝起義事件,那就是台灣近代史上有名的「霧社事件」。

　　霧社,位於南投縣的仁愛鄉,海拔1137公尺,以雲霧飄忽、山色迷人而聞名,自古以來就是原住民泰雅族的聚居之地。

　　大致而言,清朝政府的「理番政策」,對山地原住民的生活影響並不大。可是到了日治時代,由於總督府開始採取強硬的措施,除了派兵討伐鎮壓外,更在山地部落設置學校、派出所和產業指導所等,強迫原住民接受同化。尤其令他們憤恨不平的是,日本警察態度傲慢,時常對他們施予嚴刑重罰,日本政府也不停地剝削他們的勞力。

對當時霧社的泰雅族人而言，這些高高在上的日本人，過去曾以武力鎮壓殺害他們的父兄，如今又把他們當做苦力。爲了拒絕奴隸的命運，他們終於在頭目莫那魯道的指揮下，於1930年10月27日發動了這一次的武裝起義。三百多名泰雅勇士和來自十個部落的老弱婦孺，總計1236人，以簡陋而原始的武器，向裝備精良的日本官方宣戰。而總督府派出的征討部隊總計有4172人，並出動了大砲和飛機。儘管如此，英勇的泰雅族人仍然和日本軍隊纏鬥了36天之久，最後才在毒氣彈的攻擊下結束了抗爭。

事後，日軍在岩窟中，發現了莫那魯道和他的家人自殺身亡的屍體，在另外一處森林裡，發現了婦女兒童自殺者有一百四十人之多。

霧社事件中，由於抗日族人熟悉高山地形和襲擊戰術，使得日本軍警疲於奔命。
圖片出處：《霧重雲深》

「霧社事件」起義抗暴的領導者莫那魯道（中立者）。
圖片出處：《霧重雲深》

事件中，使總督府更加臉上無光的是，兩位接受日本高等教育，被視爲原住民楷模的泰雅青年，花岡一郎和花岡二郎，兩人都參加了這次的抗日起義，並和族人一起殉難。

▲▼霧社事件中，日本仗著武力優勢，以當時最新的武器大砲及飛機向霧社各部落發動攻擊。　圖片出處：《霧重雲深》

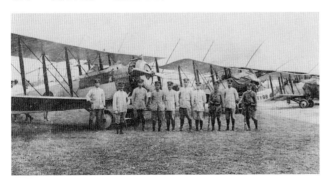

洪騰雲與急公好義石坊

在台北市二二八紀念公園內的露天音樂台旁邊，有一座雕工優美、古色古香的「急公好義」石坊。這座石造的牌坊，原先是豎立在今天的衡陽路、重慶南路一帶，是當時清朝政府為褒揚捐建臺北考棚的洪騰雲先生而建造的。

洪騰雲，祖籍福建晉江。幼年時，於清道光4年（1824年）隨父親渡海來台，居住在艋舺土治後街（今台北萬華）。長大後學習做生意，因天資聰敏，擅長於籌畫計算，成為一名成功的米商。當時台北盆地一帶盛產稻米，艋舺（萬華）為帆船貿易的重要港埠。洪騰雲用稻米和泉州、廈門等地交易，數年之間，累積了不少財富。

昔日的「石坊街」和「急公好義」石坊。在街道盡頭的城門，就是稍後被日本政府拆掉的台北城的西門「寶成門」。　圖片出處：《台北古今圖說集》；台北市文獻會出版

洪騰雲（八十一歲）與他的曾孫洪長庚（七歲）合影，攝於一八九九年。洪長庚日後成為台灣第一位眼科博士，他所創設的「達觀眼科」，目前仍由他的兒子洪祖恩醫師繼續經營。
圖片出處：洪祖恩先生提供

　　洪騰雲為人樂善好施。光緒七年（1881年）捐助70個工人，協助興建大甲橋，後來又捐建艋舺義倉、獻置義塚（供窮人埋葬的墳地），遇有災害經常捐輸賑災。尤其光緒6年（1880年），捐建台北考棚，最為世人稱頌。

　　台北考棚位置在今忠孝西路和中山南路交會處，即今城中分局一帶。考棚規模很大，可以容納兩千人應試。從此，台北地區的考生不必再長途跋涉，遠赴台南府城參加考試。當時的台灣巡撫劉銘傳為了褒揚洪騰雲的義舉，就奏請朝廷頒賜「急公好義」匾額，於光緒14年（1888年）設立石坊，以資嘉獎。而石坊所在的街道也取名為「石坊街」（今衡陽路）。

　　後來，1905年（明治38年）日本政府改建市區，把「急公好義」石坊遷移到公園內，一直保存到今天。

§ 懷念的福爾摩沙 §

阿里山神木

阿里山神木原貌，樹齡三千歲，樹高五十公尺。八十多年前這一帶，像阿里山神木一般巨大的紅檜有十五萬棵以上。 圖片出處：《日本地理大系台灣篇》

「一二三，到台灣，台灣有個阿里山， 阿里山上有神木…」

這是一首流行於三、四十年前的童謠。當時的台灣社會並不像現今這麼富裕，一般的家庭想要去阿里山，就如同今天想去東京迪斯奈樂園一樣，不是一件容易的事。有趣的是，從前的小朋友好像比較老實，他們並不會向父母央求、吵著要去看神木，頂多是大聲唱著這首童謠，就感到心滿意足了。也許可能是因為唱得太大聲了，上阿里山去看神木、觀雲海和日出，便成了當時國人觀光旅遊的第一目標。

不過，很諷刺的是，做爲阿里山精神標誌的這棵神木，其實是一個假冒的軀殼。早在民國四十五年的夏天，神木已因受雷擊引發的火災而被燒死。主管當局爲了隱瞞眞相，竟然用木箱栽植樹苗架在神木的樹頂上，讓世人誤以爲神木還活著。國人也因此被矇騙了三十幾年。

日本人架設木橋，用火車將阿里山森林的巨木載運下山。　圖片出處：《日本地理風俗大系》第15卷

其實，阿里山神木充滿荒謬的遭遇，正好是台灣山林悲慘命運的最佳寫照。

阿里山神木是屬於珍貴樹種的紅檜，全世界只生長於台灣、日本和北美一帶，樹齡可高達三、四千年以上，比世界上絕大多數國家的歷史還要悠長。先前，阿里山是一片檜木的大森林，平均樹高約四十五公尺，像阿里山神木一樣高大的紅檜有十五萬棵

一九一二年日本人開始經營阿里山森林鐵路，啟開了台灣森林的悲情史。鐵路最早是用來戴運木木材的，後來樹木砍得差不多了，才被規劃作觀光鐵道。然而更大的劫難是阿里山公路開通以後的濫墾濫種，把整座山林踩躪到不堪收拾的地步。　圖片出處：《日本風俗地理大系》第15卷

阿里山神木的英姿，如今只能從照片中去憑弔了。　圖片出處 ：《日本地理風俗大系》
第15卷

以上！簡直無法想像當時那種壯觀的情景。他們像是一群巨大的
神靈，數千年來，默默地守護著台灣這座美麗的島嶼。遺憾的
是，由於人類的貪婪和愚昧，濫墾濫伐，幾乎砍光了山上的大
樹，殺死了土地的守護神，給自己帶來無窮的災害。像民國87年
賀伯颱風造成慘重的災情，就是明顯的警告。如果我們不再保護
山林，恐怕將無安居之地了！

珠潭浮嶼日月潭

　　距今大約一、兩百萬年前，由於地殼變動，歐亞板塊和菲律賓海板塊的相互撞擊，自大海中推擠出一座高山巍巍的島嶼——台灣。從海平面上擎天而起，高入雲霄，正是台灣山岳的獨特性格。海拔超過三千公尺以上的高峰，由北到南，連綿不斷。險峻的峰巒、旖旎的溪谷以及蒼鬱的森林，無一不令人流連忘返。而在崇山峻嶺之間，又有一泓湖光山色；尤其在晶瑩幽靜的湖水中央，又浮現出一座蒼翠的小島，其景色之美，恐怕只有「人間仙境」堪可形容。這就是台灣有名的風景勝蹟：日月潭。

　　根據日月潭原住民邵族的傳說：兩百多年前，他們的祖先在巒大山打獵時，為了追捕一隻白鹿而迷失了路徑，無意中發現了這處人間仙境，認為是天賜的樂土，因此就搬遷來這裡居住。他們在這裡捕魚、打獵、耕作，過著悠遊自在的生活。

日月潭景色之美，恐怕只有「人間仙境」才足以形容。　圖片出處：《日本地理大系台灣篇》

珠潭浮嶼，平如鏡面的潭水中突立著一座蒼翠的小島，以前稱作「珠仔嶼」，即現今所稱的「光華島」。　圖片出處：《日本地理風俗大系》第１５卷

　　滿淸占有台灣以後，文人雅士來這裡遊玩，驚爲世外桃源，取名爲「珠潭浮嶼」。後來又依據潭水的形狀，一大一小相連，小的狹長如月形叫「月潭」，大的廣大圓滿如太陽叫「日潭」，合稱「日月潭」。

　　1931年，日本政府在這裡興建水利發電工程，把日月潭當作貯水庫，使得日月潭的面積增加了百分之七十，原本狹長的「月潭」也變得肥胖了許多。

日月潭原住民的水上生活。邵族人利用樹幹做成獨木舟，做為水上的交通工具。另外，他們也在竹筏上架網捕魚。　圖片出處：《日本地理風俗大系》第１５卷

　　日後，隨著道路的興建、交通的發達，到日月潭遊覽的旅客更加絡繹不絕。原住民邵族的豐年祭，乃至於他們的服飾、歌舞、生活習俗等，都成為觀光客的目標。很可惜的是，國人觀光的方式，不懂得愛惜自然景觀，也不懂得尊重原住民文化，破壞了日月潭樸素之美的原始風貌，如今已很難再覓得昔日世外桃源的人間仙境了。

失落的淡水河

　　淡水河，發源於新竹大霸尖山，流經桃園縣和台北縣市。在板橋和新店溪會合、在關渡和基隆河會合，最後從淡水出海。全長158.7公里，僅次於濁水溪的186.4公里和下淡水溪的170.9公里，為台灣第3大河。

　　台灣山高水急，大多數的河川，平時河灘裸呈、礫石充塞，只有在雨季水量豐沛時，才會出現水流盈盈的河流景觀，唯獨淡水河和基隆河長年有水，可供船隻航行。

　　前清時代，淡水河運十分發達，大船可直抵新莊，小船可行至大溪。另外，船隻也可溯基隆河直上汐止和暖暖。因此，台北

日治時代的台北大稻埕河畔，船隻往來不輟，人們在岸邊行走，譜出一幅美麗的淡水河邊風情畫。　圖片出處：《台灣名勝風俗寫真帖》

日治時代的大溪渡頭。小船溯淡水河而上,可行至三峽和大溪。
圖片出處:《北部台灣寫眞帖》

盆地最早開發的市街,全都是位於河港要津,如新莊、萬華、大稻埕,以及松山、大龍峒等。而這些地方,早在漢人還未渡海來台之前,也是原住民主要聚落分佈之所在,可見淡水河的重要性。

事實上,河流正是文明之母。河流不但提供交通、灌溉、飲水和食物,更提供了最爲優美的居住環境。因此,自古以來,人類的重要文明都是發源於河流所經之處。

但是，令人痛心的是，由於人們的貪婪和愚昧，竟爲了眼前的短利，任意破壞淡水河流域的水土和生態環境。包括排放污水、棄置垃圾、侵佔河道和開發山坡地、濫挖濫建，並且還用一道又一道的堤防和環河道路把河流完全阻隔起來。使得原本清澈美麗、如母親般的淡水河，變成了一條發臭的大排水溝。

　　如果我們不立即停止這種破壞的愚行，失去的將不只是一條河流，還會賠上永遠無可挽回的生活環境！

日治時代的萬華淡水河畔，舟楫往來不輟。　　圖片出處：《台灣名勝風俗寫眞帖》

搶救中山橋

民國87年瑞伯颱風來襲，汐止慘受水患之苦，又適逢三合一選舉前夕，一時之間，基隆河的整治成為輿論關注的焦點。專家學者紛紛提出建言，但最後竟將過錯推給九十多年來默默為人類服務、奉獻的中山橋。

中山橋，舊稱「明治橋」，建於西元1901年（明治34年），為台北市區跨越基隆河，通往士林、北投、淡水等地陸路交通的重要通道。

第一代的明治橋，為鋼架鐵橋，後來改建成如今所見的鋼筋混凝土構造。由於當時的明治橋也是前往「台灣神社」【註】朝拜的橋樑，所以日本政府極力精心設計建造。

第二代的明治橋，自1930年開始施工改建，採鋼筋混凝土三

第一代的明治橋（中山橋）為鋼架鐵橋。　圖片出處：《攝影台灣》；雄獅圖書公司

（註）台灣神社，供奉當年征討台灣的日本皇族北白川宮能久親王神位，建於今圓山飯店現址，二次大戰時，燬於戰火。

明治橋（中山橋）造型之典雅秀麗，稱得上是三〇年代工程技術和美學結合的精品，尤其是與周遭環境完美的協調和呼應，完工後更成爲台北城市的新景點。
圖片出處：《台灣寫眞帖》

孔式彎拱架構，並以花崗護欄，配置靑銅路燈，橋長120公尺、寬17公尺，歷時三年才完工。

　　改建完工之後的明治橋，造形之典雅秀麗，爲當時台灣橋梁之冠，稱得上是三〇年代工程技術與美學結合的精品。不僅如此，明治橋的設計更與鄰近的人文風貌和自然景觀連成一氣，成爲台北市最具人性空間的建築典範，也是台北市民最值得回味的城市記憶之一。

　　拆除中山橋，不只是斬斷了城市記憶，更是對科技和人文價值的自我毀棄。何況，中山橋早已屹立了九十多年，從來都沒有妨礙過基隆河排洪的紀錄。

　　汐止水患的根本原因，在於山坡地的濫墾濫建，以及河川長期以來疏於整治。白狗偷吃，黑狗處死，怎麼會有這種道理？尤其，歷史文化是大家共有的資產，不容任意毀棄。

第二代的明治橋（中山橋），花崗石護欄，配置青銅路燈，建造精美，爲當時全台之冠。
圖片出處：《台灣懷舊》；創意力出版公司

檳榔與鴉片

　　台灣話有一句「菁仔叢」，意思是罵人魯鈍唐突不解風情。菁仔樹就是檳榔樹，長得高高直直的，一點也不彎曲，正可用來影射直線思考莽夫性格的人。

　　檳榔樹盛產於台灣南部和東南亞一帶，它的果實就是有名的檳榔。檳榔原先是原住民用來祭拜神明或餽贈客人的禮物，後來移民來台的漢人也入境隨俗，並以互敬檳榔作為社交應酬之用。可能是咀嚼檳榔之後，身體會發熱，而且有微醉的感覺，比較容易拉近人際關係的緣故。

「檳榔西施」如果看到這張老照片一定會大吃一驚。正宗的台灣檳榔攤原來是由祖母級的老阿嬤看顧，而且是擺設在中藥店門口販售。　圖片出處：《日本地理風俗大系》第15卷

鴉片是一種很容易上癮的鎮定劑。一旦染成煙癮之後，時時刻刻都要依賴鴉片用來振奮精神。如果一天不抽就全身乏力，哈欠連連，有如病人。圖為一老者正躺在床上用煙管抽食鴉片。　　圖片出處：《日本地理大系台灣篇》

　　其實在古代，檳榔曾被當作驅除縧蟲的藥材使用，尤其對熱帶地區容易感染的熱病有預防的療效。但是近年來人們為了賺取暴利，以流行消費的經營手法促銷檳榔，導致滿街的檳榔攤佔用人行道，穿著暴露的「檳榔西施」，逐漸成為誤導青少年、引誘犯罪的溫床。「檳榔文化」竟成為台灣社會的亂相，檳榔樹若有知覺的話，一定會感歎人類的貪愚。

　　同樣濫用藥物而戕害國民身心的，早在一百多年前就曾經上演過，那就是抽鴉片的惡習。鴉片原本是一種麻醉鎮痛的藥物，但是英國人為了貪圖暴利，將鴉片當作商品強行輸入大清帝國和台灣。不少台灣人因染上了吸食鴉片的惡習，傾家蕩產，甚至家破人亡。至於大清帝國，則更陷入財政窘困、國力耗弱的泥淖中，終而導致王朝崩潰的悲慘命運。

樟樹的故事

　　古時候的台灣是鹿和樟樹的原鄉。整個西部平原的草原上，到處都是梅花鹿、水鹿和羌。而從平地一直到海拔2000的山區，則普遍分佈著樟樹群落。

　　現今，當我們路經台北市敦化北路，從安全島茂密的樹蔭下穿過時，或許還可以稍稍領會到樟樹的婆娑之美。但是如果是置身於整座的樟樹森林中，而且是高達四、五十公尺的巨樟森林，內心的震憾和感動將是如何的巨大呢？

　　在南投縣信義鄉的神木村，目前還存活著一棵12人合抱高50公尺、樹齡超過三千歲的巨樟，被民眾視為神木敬拜著。我們又該如何想像：古時候的台灣，像這樣巨大的樟樹，竟有三百萬棵之多！福爾摩沙，美麗之島，真是一座失去的樂園。

　　樟樹的木材中含有特殊成份，可以提煉樟腦作為防腐、防蟲、醫藥及工業的原料。早在明朝末年，渡海來台的漢人移民就已曉得製造

伐樟熬腦的第一步，把樟樹砍倒了之後，先將木材刨成木片。圖為手持特殊工具正在刨取樟木片的工人。
圖片出處：《日本地理大系台灣篇》

然後把木片放在蒸餾釜中，盛水煮沸，讓水蒸氣通過樟木片，導出油質並引入木桶中，再經冷卻，便可得到粗製的樟腦。圖為正在熬煮樟腦的「樟腦寮」，一位女工在一旁打盹，等待漫長的熬煮過程。　圖片出處：《日本地理風俗大系》第１５卷

把冷卻後結晶的樟腦裝入布袋中，下面用木棍架高，布袋底部會滲出一滴滴的樟腦油，順著弓型板流到桶子中，再把樟腦油裝入特製的錫罐中，整個製造樟腦的過程就算完成。　圖片出處：《日本地理大系台灣篇》

挑伕將裝有樟腦油的錫罐搬運
下山。　圖片出處：《日本地
理風俗大系》第１５卷

樟腦，但稍後清朝當局嚴禁漢人入山開墾「番地」（原住民的居住
區）。一直到了1840年代，因吸食鴉片的人日增，英國商人便慫恿
漢人用樟腦換鴉片並強迫清廷開放樟腦經營，於是入山伐樟熬腦
便開始盛行，這也是樟樹厄運的開始。不過，樟樹的大災難則是
近50年來的過度開發和濫墾濫伐。1924年時全台灣的樟樹還有一
百八十萬餘棵，如今可能剩下不到幾萬棵。因此，當我們去到了
地名稱作「樟樹灣」或「樟樹林」或「樟樹窟」的地方卻看不見
半棵樟樹，也就不必太大驚小怪了。

§ 先民的足跡 §

台北大橋

　　台北盆地，四週是山，三面有河流環繞：包括基隆河、淡水河和新店溪。古代往來於台北地區，主要是靠河上行舟。因此早先發展的市街都是和河運有關，如新莊、艋舺（今萬華）、大稻埕（今延平北路、迪化街一帶）等。另外，橫渡河川兩岸，也完全要仰賴渡船載運。一直要等到了1889年，淡水河才出現第一座跨河的大橋。

　　有趣的是，當初在淡水河架設大橋，主要是爲了鐵路的興建。光緒13年（1987年），台灣第一任巡撫劉銘傳奏請興修鐵路，

從三重這一端的「台北大橋」橋下眺望對岸，昔日的大稻埕，沿著河邊而興建的建築物，大都是經營進出口的洋行或大商家。　圖片出處：《日本地理風俗大系》第15卷

首先完成台北到基隆的鐵路，之後又往南延伸到新竹，也就是後來縱貫線的前身。不過，當時的縱貫線，是直接從大橋頭街（今民權西路）跨越淡水河，經三重到海山口（今新莊）。

　為了跨越淡水河，劉銘傳於光緒14年開始架設一座木造的鐵路橋，次年8月完成，全長521公尺，工程相當艱辛。據說這條為鐵路而架設的鐵路橋，僅可供人馬通行，火車行至橋端，人貨都要用接駁方式過橋。人們俗稱這座鐵路橋為「鐵橋」，而「鐵橋夕照」則是當時的「台北八景」之一。

淡水河第一座跨河大橋，建於前清時代的光緒年間，原來是爲興建鐵路而架設的。
圖片出處：《台北市發展史》；台北市文獻會出版

從空中鳥瞰「台北大橋」，右上方是三重，當時還是一片田園，這座大橋一直使用到一
九六八年才拆掉重建。　圖片出處：《日本地理大系台灣篇》

　　這座鐵路橋於日治時代的1897年8月遭颱風沖毀。1919年重
建，但隔年9月又被颱風沖毀。不過這時的縱貫線鐵路，已改經萬
華和板橋了。1921年，日本總督府特別撥了140萬日元，重新興建
一座真正用鋼架建造的鐵橋，歷時四年才完成，就是後來有名的
「台北大橋」。

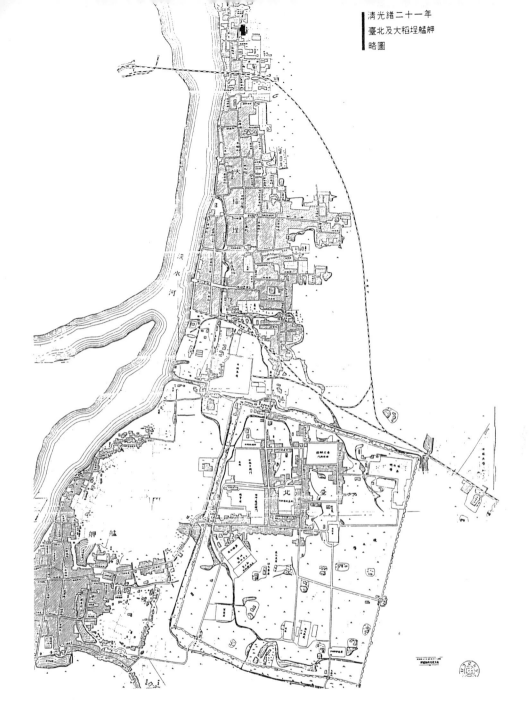

從地圖上可以清楚看出原先的縱貫線，是直接從「大橋頭街」（今民權西路）跨河而
過。　圖片出處：《台北古今圖說集》；台北市文獻會出版

台車的故事

　　在台灣的交通史上，曾經出現過一種十分特殊的交通工具。這種交通工具，突如其來地出現在寶島的土地上，而且迅即遍佈在全島的平地及山地間；但只半個多世紀，又悄悄地功成身退，消失得無影無蹤。這種交通工具，就是俗稱「輕便車」的「台車」。

　　顧名思義，「輕便車」既輕快又便捷，尤其相較於當時僅有的乘載工具：牛車和轎子。「輕便車」是利用鐵輪子在鐵軌上減少摩擦力的原理，只需要施加一點外力，就可以讓車子走動起來。因此，藉用人力便可做為動力，不過必先舖設鐵軌才能行走。其實，稱之為車子，似乎有點名不符實，因為它只不過是用木頭拼成的方形車台而已，連乘客的座位都只拿木箱充數。

　　「台車」的設置原本是為軍事用途。1895年12月，日本侵佔台灣之初，為運送軍需品，首度在高雄、台南間舖設輕便軌道。之後，陸續

日治時代，無論是平地或山地都可以看到台車的踪影。圖為大溪往角板山途中，觀光客集體搭乘台車遊角板山。　　圖片出處：《台灣紹介最新寫眞集》

台車過河有專用的橋樑。圖為台車列隊渡過大漢溪的壯觀場面。　圖片出處：《台灣紹介最新寫眞集》

即使是佈滿亂石的乾涸河床也有台車行駛。　圖片出處：《台灣紹介最新寫眞集》

舖設至各地。1908年縱貫鐵路的火車通車後，軍用輕便軌道逐漸撤除，但因其載客和運貨的便捷性已受民間肯定，民營的輕便軌道便大量增設，而在1931年時達最高峰，其營業里程計1367公里，遠超過當時公營鐵路的883公里。但後來因公路交通的發達，到1960年代，除特殊產業（糖廠與煤礦業）之外，台車已完全被汽車所取代。之後不久，便消失得無影無踪了。

也有像撐船一般，撐起竹竿推動「台車」前進，眞是令人大爲嘆服，拍攝地點在宜蘭羅東附近。　圖片出處：《台灣紹介最新寫眞集》

利用風力也可以使「台車」行走，圖爲張掛著風帆的「台車」，拍攝地點在彰化往鄉下的途中。　圖片出處：《台灣紹介最新寫眞集》

利用「台車」運送貨物，對當時的勞動者幫助甚大，拍攝地點在嘉義布袋。
圖片出處：《台灣紹介最新寫眞集》

除了人力之外，也可以藉用水牛來拉「台車」，這是台灣民眾的智慧，也是台灣「台車」
的特有景觀，拍攝地點在台南關仔嶺附近。　圖片出處：《台灣紹介最新寫眞集》

戎克船

清朝時代的台灣，船舶是最重要的交通工具。

即使是內陸交通，因為還沒有公路運輸，除了靠牛車代步以外，利用河舟運送，出入於河川流域的村莊和商街之間，是當時最方便的交通方式。

尤其，當時台灣和福建之間的貿易相當頻繁，通常是把台灣盛產的稻米運往大陸，再從廈門和泉州等地運回布帛、煙茶、器具等。加上一波又一波的移民潮（從福建等地前來台灣開墾營生），海上交通顯得十分熱絡。

停泊在基隆港內的戎克船。即使是到了日治時代，戎克船仍然是海上貨運的重要交通工具。　圖片出處：《日本地理大系台灣篇》

清朝時代台灣最重要的交通工具是被稱為「戎克船」的木造帆船，可往來於台灣海峽兩岸，也可在台灣的內河航行。
圖片出處：《日本地理風俗大系》第１５卷

　　有一種被泛稱作「戎克船」的中國式木造帆船，是當時海上運輸的主要交通工具。「戎克船」船身狹長、船舷較高，很適合近海和內河的航行，除了運貨，也可承載乘客，十分方便。

　　早期的淡水河，河廣水深，「戎克船」可溯河而上，直達今天的萬華和新莊等地。

喂！扛轎的

轎子是台灣古代主要的交通工具。轎伕的工作十分辛苦，往往要頂著大太陽趕路。
圖片出處：《日本地理大系台灣篇》

　　轎子是前清時代的交通工具，早已被時代淘汰，由車子所取代了。不過，如果我們能細心觀察，還是可以在現今一九九五年的台灣，某種特殊的場合中，看到人們仍然在使用著「轎子」。

　　最明顯的例子就是廟會慶典大拜拜時，眾信徒熱烈地擁簇著各式各樣的「神輿」（神明乘坐的轎子）繞街遊行。神輿的式樣，從最簡單的兩根木棍綁著一隻座椅，到精工細雕、繁複華麗的木刻轎子，甚至是由上千朵鮮花堆疊成寶塔狀的大花轎。迎神遊行中，扛轎的人還不時的激烈搖晃著神輿，以顯示他們的虔誠。所以有一句台灣的諺語就說：「神重扛，人重妝」。意思是說，神明

講究的是轎子，人講究的則是妝扮。

　　不過在前清時代，乘坐轎子也是個人身份階級的表徵。當時只有官員或士紳富豪才有資格乘轎子，唯一的例外是出嫁的新娘子。因為以前的人迷信認為：新娘子如果被外人窺視到臉部則為不吉利；所以不論貴賤，新娘皆乘轎子嫁到丈夫家，而且所乘坐的是四人扛的「花轎」。

　　以前，從事扛轎工作的都是無一技之長的勞動者，由於出身寒微而份子又良莠不齊，很受到當時社會的輕視，甚至被歸類為「下九流」【註】中的最末流，等於是最受世人瞧不起的賤民。他們的工作十分辛苦，成天扛著沈重的轎子，把客人送到指定的地點，不管路途多遙遠，也不管是要跋山還是要涉水，而且還被社會瞧不起；真可以稱得上是「忍辱負重」了。

【註】我國傳統社會有所謂「上九流」和「下九流」的說法，「上九流」是指從事士、農、工、商等職業的人，「下九流」是指從事卑賤工作的人；「上九流」和「下九流」都各分為九個等級。那是一種十分不平等且不公平的劃分法。

轎伕整天扛著轎子來回奔波，通常都是穿著草鞋。　圖片出處：《台灣紹介最新寫真集》

有「人力車」的市街

　　台灣的交通史，等於是運輸工具的變遷史，從早期的牛車、轎子到現今的汽車、飛機，變化的繁複和快速，令人目不暇給。如果說牛車是農業社會的產物，汽車就是現代都會文明的產品。農村生活的悠閒相較於都會生活的匆促，正如同牛車的緩慢相較於汽車的快速一般，真不可同日而語。由此也可以見知：運輸工具的演替，其實和社會的變遷有密不可分的關係。

　　台灣社會的現代化，肇始於19世紀末的建省時期，奠基於20世紀初的日治時代。首任台灣巡撫劉銘傳已著手進行台北城的都市計劃，日本據台之後，更積極在全台推動「市街改正」，將傳統城鎮改造成現代化的都市。就在這種都市現代化的初期階段，街道上出現了一種前所未有的新式交通工具——人力車。

有人力車時代的市街，街道寬敞、汽車稀少，行人充份享有行路的自由和權力，圖為日治時代的台北市大稻埕。　　圖片出處：《台灣寫真帖》

日治時代的台北府前街和文武街（今重慶南路），街道寬敞，街屋整齊優美，是人力車
的時代，也是台灣城市的黃金時代。　圖片出處：《台北古今圖說集》；台北市文獻會

1887年劉銘傳從上海購進50輛人力車，在台北和台南的市街行駛。日本統治台灣時期，隨著道路的修築改善，從日本輸入更多的人力車，車輪也由鐵輪改進為橡皮輪。此後人力車逐漸成為市區的主要交通工具。

　　由日本引進的人力車，東洋風味十足，連人力車伕的制服和帽子也一律都是日本式的裝扮。人力車上裝備有活動車蓬，可用來遮陽蔽雨，坐墊考究舒適，加以輕便價廉，頗受人們的喜愛。

日治時代台北最繁榮的大稻埕太平町（今延平北路一、二段），是當時台灣的茶葉交易中心，商機熱絡，人力車往來不輟。　圖片出處：《台北古今圖說集》；台北市文獻會出版

日治時代台北表町（今館前路），兩旁街屋充滿歐洲古典風格，遠方是文藝復興式的建築博物館，搭乘人力車逛街可是人生一大享受。　　圖片出處：《台北古今圖說集》；台北市文獻會出版

　　人力車盛行的1930年代，汽車稀少，而且都市改造已近於完成，街道寬敞、街屋整齊、充滿歐洲古典風格。當此之時，行人充份享有行路的自由與權力，既不必與車爭道，也無需飽受噪音與空污之苦。

　　時至1950年代，人力車終於被汽車所淘汰而告絕跡，行人的黃金時代也隨之而結束。

橫渡濁水溪

　　濁水溪，全長186公里，流經南投、彰化和雲林等三個縣的十多個鄉鎮。這條台灣的第一大河，發源於中央山脈的合歡山和奇萊山，沿著高山縱谷，蜿蜒而下，並與萬大溪、卡社溪、丹大溪、郡大溪以及陳有蘭溪等河流會合後，直奔西部平原。由於它的上游水流強勁，挾帶著大量的泥沙，滾滾而下，造成河水長年呈現混濁的奇觀，因而被取名為「濁水溪」。

　　這條橫亙在中部平原的大河，對古時候的「出外人」，可真是一個大難題。不論是南下還是北上，來到了濁水溪畔，無不望著滾滾濁流而大傷腦筋：要怎樣跋涉才能抵達彼岸呢？

到了日治時代，才有輕便車專用的木橋。　圖片出處：《台灣寫眞帖》

濁水溪上的竹橋。利用竹子搭建成圓拱形的竹橋，橋的兩端用石頭固定。走過這
種竹橋時，橋體會上下左右搖晃個不停，膽子小的人還真不敢過橋呢。
圖片出處：《台灣寫真帖》

　　運氣好的話，湊巧碰上乾季，大約1公里寬的河床，幾乎都是裸
露的砂石，溪水寬度只剩下不到100公尺，水深也不過數10公分，行
人和牛車勉強還可以涉水而過。但是因為水流甚急，泥沙滾滾，如果
不加速越過溪流，牛車就會陷在泥沙中，動彈不得。

如果不巧碰上雨季，尤其是夏、秋兩季，溪水大漲，旅人面對著一公里寬的滾滾濁流，只好望河興歎了。為了等待溪水退去，不得不滯留10到20天，甚至一個月也是常有的事。因為在這種情況下強行渡河，十分危險，很容易就會被湍急的溪水衝走，慘遭溺斃。

　　徹底的解決之道，便是搭建橋樑。但是在物質匱乏、科技還不發達的古代，這可不是一件簡單的事。起先，只有簡便的竹橋，但因受到長度的限制，也只能在旱季時使用。要等到1906年，第一座鐵道橋的落成，橫渡濁水溪才不再是苦差事。

橫跨濁水溪的第一座鐵道橋，鋼架結構、水泥橋墩，專供火車行駛，完工於明治三十九年（一九〇六年），全長八百八十九公尺。
圖片出處：《台灣寫眞帖》

§ 山與海的子民 §

尋找平埔族

　　總統府前面的大馬路稱作「凱達格蘭大道」，即是爲紀念曾經居住在台灣北部，現今幾乎已經消失了的平埔族「凱達格蘭」。其實台灣的平埔族至少還包括蘭陽平原的「噶瑪蘭」，西部平原的「道卡斯」、「巴布拉」、「貓霧捒」、「巴則海」、「洪雅」和南部平原的「西拉雅」等。這些族群的名稱聽起來都十分陌生，但事實上他們才是台灣平地眞正的主人。

　　早在漢人還沒有渡海來到台灣之前，台灣島上主要是居住著「南島民族」，就是今天台灣原住民的祖先。「南島民族」的分佈範圍非常的廣，東起南美洲西岸的復活島，西至非洲東岸的馬達加斯加島，北到台灣，南至紐西蘭。大約在六千年前，「南島民

祭拜阿立祖是平埔族特有的宗教儀式，供奉阿立祖的神殿稱爲「公廨」，即照片中覆蓋茅草的建物。　圖片出處：《台灣原住民映像》；南天出版公司

祭拜過後，族人將萱草纏在頭上，圍成圓圈邊唱歌邊跳舞，和樂融融，照片攝於日治時代。 　圖片出處：《台灣原住民映像》；南天出版公司

族」就已經居住在台灣了，他們有的住在平地，有的則住在山區。住在平地的一支，因為靠近海邊的關係，很容易和外界接觸，並且受到外來文化的衝擊，尤其18世紀大量漢人渡海來台以後，首當其衝的就是居住沿海平原的原住民。

他們在社會上受漢人統治，在文化上也受到漢人的同化，因此漢人就稱呼他們為「熟番」，以便和住在山區未受同化的「生番」區別。日治時代的學者將「生番」改稱「高砂族」，而將「熟番」改稱「平埔族」，這就是「平埔族」名稱的由來。

經過兩、三百年來的漢化，平埔族幾乎已經完全失去了他們的語言、生活習慣和文化，而隱沒在漢人的社會裡。但其實平埔族並未真正消失，只要我們能發揮愛心，致力於平埔族文化的探尋、發揚和保存，相信終能找回失落的族群。

紋面人

「紋面」就是在臉部刺上圖案或花紋的意思。

世界上不少原始部落常有紋面的習俗。有的更在身上刺青，也稱作「紋身」。根據人類學家的調查，東南亞和南美洲的土著，都曾有紋面、紋身的情形。

紋面的太魯閣少女。
圖片出處：《日本地理大系台灣篇》

台灣的原住民，像北部的泰雅族、賽夏族，南部的排灣族、卑南族和東部的阿美族等，過去都曾有紋面或紋身的習俗。

一般說來，紋面紋身的原因大概有以下四點：（一）為添增身體外表的美觀。（二）成年的表徵。（三）區別不同的部落族群。（四）社會地位的象徵。

從前泰雅族的青少年，男生大約到16歲，能在戰場上或狩獵上有英勇的表現，女生到12、13歲，織布的技巧已經熟練，才有資格在臉部施以紋面。

至於紋面的款式，男女不同。男生只在前額和下巴的正中央，刺上一條或數條直紋。女生除了前額外，更在雙頰，從耳際一直到脣邊和下頦，刺上三條或五條較寬的斜紋。

紋面所用的工具，是一枝像牙刷的針棒，上面插有成排的金

紋面的泰雅族少女。　圖片出處：《台灣蕃族圖譜》；南天出版公司

屬針，通常是六根或十根。還有一把敲打用的小搥子。紋面時就用搥子輕輕敲打著針棒，一寸一寸在臉上刺出紋路。紋面的用時，一面用竹片刮去滲出的血水，一面用松木燃燼的煙灰塗抹傷口，加以染色。為了減少感染發炎，紋面都是在冬天施行。

據說紋面是一件相當痛苦的事，施行完畢後，臉部會腫脹一整個星期。這段時間，只能靜靜的躺在屋內調養傷口，而且除了喝清水和粥漿外不得進食。但等到傷口痊愈後，就會從青少年變成具有社會地位的成年人了。

一位泰雅族的少女正躺在戶外的草席上接受紋面，施行紋面的婦人則正用小搥子輕輕敲打著左手上的針棒，專心的在少女的臉上刺出紋路。
圖片出處：《台灣蕃族圖譜》；南天出版公司

架木爲屋，衆人相助

　　中國傳說中的「有巢氏」，因爲發明了「構木爲巢」的方法，教導人們利用木材構築房屋，避去了禽獸蟲蛇的侵害，而得到衆人的愛戴，被推舉爲王。

　　台灣的原住民似乎並沒有類似「有巢氏」的傳說，但他們蓋房子的方式卻是道地的「構木爲巢」。以泰雅族爲例，他們的房子都是就地取材，伐取附近的樹木、竹子和茅草做爲建材。蓋房子的時候，先用樹幹架構成房屋主體的樑柱，然後用木片或用竹子、茅草編成牆壁，最後再以茅草和竹子做成的屋頂蓋在屋樑

日治時代霧社的泰雅族部落。　圖片出處：《日本地理大系台灣篇》

原住民的住家十分簡單，但全家生活在一起，其樂融融。　圖片出處：《台灣原住民族映像》；南天出版公司

上，這樣就算大功告成了。房屋的格局都爲單房，屋內的擺設十分簡單，只在牆邊設置幾張床，並開有一、兩扇小窗在床位的上方。至於廚房，就是在地板上挖個洞，以爲火爐使用。如此便是全家人遮風避雨、生活起居的「安樂窩」。原住民樂天知命的性情，也可以由此而得知。

原住民部落，村民之間的關係十分密切而團結。如果有人要蓋房子，村子裡的人都會主動前來幫忙，往往不需幾天，就可以把新房子蓋好。新居落成時，主人拿出自釀的美酒請客，大家暢飲慶賀，載歌載舞，盡歡而罷。

原住民蓋新房子，村子裡的人都前來幫忙。　圖片出處：《台灣懷舊》；創意力出版公司。

圖左高出地面的房子是專為儲藏穀物用的穀倉，請注意每根支柱上都套有一片木板，以防止老鼠攀爬進去偷吃穀物。　圖片出處：《台灣蕃族圖譜》；南天出版公司

　　除了做為全家居處的房屋外，大多數的原住民通常都會在屋外另蓋一間較小的穀倉，用來貯藏穀類。穀倉的地板用支柱騰空架高，並且在支柱上套有「擋板」，以防鼠害，十分有趣而見巧思。

台灣古早的織布機

　　早在漢人來台灣移民拓墾之前，就已有原住民居住在這裡。相對於漢人的生活方式，原住民的生活非常地簡樸。他們的社會組織是以氏族為中心的小型部落，除了簡單的農耕以外，生活物資都是取之於大自然，自給自足。一般說來，男人負責狩獵，女人負責紡織、飼畜、農作或野菜的採集。

　　正如同男子必須懂得狩獵一樣，女子得要熟悉織布的手藝，才能獲得成年的資格。甚至於，在泰雅、賽夏兩族，婦女的織布技巧會決定她們的社會地位。有些部落的女子在結婚時，妻族以一套織布工具作為嫁妝。

　　昔日紡織的材料，主要是苧麻。從採麻到織成布匹，要經過十多道程序，過程極為繁複。採下苧麻後，先要除去麻葉，再剝

霧社泰雅族少女織布圖。　　圖片出處：《日本地理大系台灣篇》

下麻皮，然後再剮去麻皮上的雜質，洗淨、晾乾之後才可以用來績麻和紡線。所謂績麻，就是把麻纖維搓成細長的麻縷，而紡線就是把麻縷絞成麻線。紡好的麻線，還要經過煮、染、晒、舂等程序，然後才可以做為織布的材料。

年長的婦女教導少女學習織布。　圖片出處：《日本地理風俗大系》第15卷

織布的時候，首先要把麻線整理成平整排列的經線，套在由整塊樹幹挖空製成的「經卷」上。「經卷」的樣子很像是一只圓弧形的木箱，其功能是用來固定排列整齊的經線。經線固定好以後，便可以開始織布了。利用木棒將經線的奇偶線隔開，撐出間隙，再把纏繞著緯線的梭子穿過這個間隙，讓經線和緯線相互交錯。這樣反覆撐開經線和穿梭緯線，周而復始，直到布匹織完為止。

原住民的織布工具，看起來似乎很簡單，但是卻能織出花式複雜的布匹，主要是靠他們的功夫和巧思。

憑著她們的巧思，便可以織出各種花式的布匹，裁製成美麗的衣服。　圖片出處：《日本地理風俗大系》第15卷

兄弟兩人搬運甘蔗，哥哥是用「背簍」，弟弟則是扛在肩上，左手還
拿了兩個芋頭。　圖片出處：《日本地理大系台灣篇》

台灣古早的運輸工具

　　「什麼是台灣最早的運輸工具？是牛車、扁擔、還是人的身
體？」這個問題恐怕沒有一定的標準答案。因爲在從前沒有文字
紀錄的原住民社會，要證明哪個是最早或第一，並不是那麼容易
的事。

　　在漢人還沒有來到台灣以前，這裡住的全是原住民。他們又
分成許多族群，有的住在平地，有的住在山上。　住在平地的阿美
族和排灣族，會用牛車來載運東西，不過也常使用棍子當作扁
擔，把東西挑著走。至於住在山上的泰雅族、布農族和鄒族等，

幫忙搬運，小朋友一點也不輸給大人。照片中央的兩位小朋友，一個用頭頂著比他身高
長了好幾倍的藤條，另一個則被成堆的蔓葉覆蓋在背上，幾乎把身體都遮住了。
圖片出處：《台灣蕃族圖譜》；南天出版公司

因為山地崎嶇不平，而且需要翻山越嶺，牛車根本無法行駛，而
扁擔在上下坡時很難平衡，而且會撞到坡地反而礙事，所以他們
只好靠著自己的身體來搬運東西。

　　人的雙手，臂力有限，無論是用提的或用抱的，都無法持
久，因此原住民就想出了用背的方法。把東西背在背上，既省力

猜猜看，圖中這位女生是在搬運什麼？她揹著一截特大號的竹筒，裡面裝滿了乾淨的溪水。　圖片出處：《日本地理風俗大系》第１５卷

藉助於「背架」，就可以輕易地把人給背著走。 圖片出處：《台灣懷舊》；創意力出版公司

又持久，而且上下坡路都沒問題。現代人的登山裝備都是使用背包，也是基於同樣的道理。不過原住民背東西的方式比較特殊，他們的背帶是套在頭上，以頭部頂著背帶，然後再把東西背在背上。他們通常也會藉助於「背簍」或「背架」來背東西。無論是樹林裡採集的木材，或收成的農作物，或甚至是人，都可以用背的方法來搬運。

　　因為他們在日常生活中，時常背著東西來來去去，所以很快就練成了一身好腳力。

搗米圖

傳說中，月宮住著小白兔，每天搗米做麻糬。月球中是否有嫦娥或白兔，也許只是文學上美麗的想像，但是麻糬的確很好吃，尤其是原住民的小米麻糬，更是令人垂涎三尺。

其實，小米麻糬的做法很簡單。先把小米放在水中浸泡一夜後，撈起來放入蒸桶中蒸。再把蒸熟了的小米放入臼中，用杵不斷的搗，直到搗成糊狀的一團，就是香Q可口的麻糬了。

搗麻糬用的杵和臼，事實上正是原住民「吃飯的傢伙」。

從前，原住民種植的穀物主要是小米、稻米和黍。作物收成，放在陽光下曬乾後，就連梗帶穗直接貯藏在倉庫內。要吃飯的時候，便從倉庫取出整把的米、黍，先去掉梗莖取下穀穗，再放進臼內，用杵舂搗，去掉穀皮和穀糠，然後才下鍋煮飯。因此，搗米就成為從前原住民婦女的日常家事，而每當聽到家家戶戶傳出搗米的聲音時，便是準備吃飯的時刻了。

原住民的杵和臼都是用整塊木頭雕刻出來的。各族的做法，略有差異，但基本上，杵都是雕成圓柱狀，中間較細，便於抓握，兩頭較粗，用來搗米。臼都

原住民少女搗米圖
圖片出處：《日本地理風俗大系》第15卷

泰雅族婦女搗米圖　　圖片出處：《日本地理風俗大系》第１５卷

日月潭邵族婦女搗米圖　　圖片出處：《日本地理大系台灣篇》

是取一截樹幹，把一頭挖成凹形，另一頭做底。比較特殊的是日月潭的邵族，他們不使用臼，而是將穀穗直接放在石板上用杵春搗。

　　從前的原住民，幾乎家家戶戶門前都有木杵和木臼。原住民婦女在自家門口一面搗米一面唱歌，其實就是一幅最美的台灣風情畫。

太魯閣婦女搗米圖
圖片出處：《日本地理大系台灣篇》

§ 民以食爲天 §

我們都是吃台灣米長大的

從前沒有耕耘機的時代，種田是一件相當辛苦的工作。有一首台語流行歌謠〈農村曲〉，充分描述了做田人的辛苦。歌詞大意是說：天還沒亮就要下田工作，不管冬天田裡的水冰寒刺骨，也不顧炎夏正午烈日高照，總是要在田地裡忙個不停。

一般說來，種田包括：插秧、耘田、收割和貯藏四個階段。插秧之前，要先選好稻種，再經適當的浸泡，然後把剛長出嫩根的稻種撒在秧田上，等待秧苗成長。這個時候，要特別注意防風、防鳥以及預防寒害。秧苗長大了，農家便要忙著插秧，將秧苗整齊的插在水田中。

所謂耘田，就是除草的意思。綠油油的稻田需要農夫悉心呵護。水稻成長期間，田水要經常保持適當的深度、還要反覆多次

插秧之前先要整治田土，包括犁田（翻鬆土壤）、耙田（切碎土壤）、耖田（將土壤扒碎）和整田（將田土拌成勻細平整的軟泥）。圖中的農夫和水牛正忙著耖田。
圖片出處：《日本地理大系台灣篇》

苗田裡的秧苗長到了三寸高就準備要插秧了。圖中的農夫正忙著從秧田取秧苗。
圖片出處：《日本地理大系台灣篇》

的排水、引水，並要不時的除草和防止病蟲害。除草時，農夫跪在田土上倒退走，一面拔除野草，一面翻鬆田土並把肥料揉進泥土中。

等到稻子成熟時，一片金黃色的稻穗如波浪搖曳，散發出陣陣稻香，農家又要忙著收割了。割稻時，先把稻子整把整把的割下，然後用打穀器打下稻穀。打好的稻穀再用篩穀器篩除不實的穀子和殘留的稻葉。之後，再把稻穀攤在曬穀場上讓太陽曝曬。

割完稻之後，還要忙著打穀。打穀器是一個大木桶，三面圍著高高的麻布，桶內放著小竹梯，農夫抓起稻禾，一次一次往桶裡用力摔打，讓稻穀掉落在桶裡。
圖片出處：《台灣寫眞大觀》

這時要一遍又一遍的翻動稻穀，讓所有的穀粒都充分曬乾，最後才放進穀倉內收藏。

　　二、三百年前，先民們從中國原鄉移民來台灣，胼手胝足開墾荒野、辛勤的耕耘種田，養活了一代代的台灣子民。千萬不要忘記，我們都是吃台灣米長大的。

養鴨人家

　　台灣的傳統產業中，有一種很特殊的游牧業，就是養鴨人家。雖然他們並不像游牧民族那樣，騎著駿馬騁馳在大草原上；但也是划著小木舟，逐水而居，或者是手持竹竿，趕著一群喋喋不休的鴨子，沿著田野和河川覓食。

　　鴨子是雜食的禽類，無論是田間的落穗、雜草，或水中的魚、蝦、螺、貝，都是他們喜愛的食物。從前農業社會，財力較為匱乏，人們通常無力購買飼料餵鴨，而是盡量讓鴨群到野外自行求食。還好家鴨原本就是由野鴨馴化而來，野外求生的能力很強，懂得自己覓食。因此，從前台灣的鄉下或水邊，時常可以看到養鴨人家帶著鴨群四處放牧。

母鴨大概都在上午下蛋。養鴨人家在鴨子產卵過後，帶到河裡覓食，並餵以米糠雜糧調配的飼料用以補充營養。　　圖片出處：《日本地理風俗大系》第15卷

手持一根竹竿就可以指揮上百隻的鴨群。　圖片出處：《日本地理大系台灣篇》

　　滿清統治台灣時期，第一位揭竿起義並且當了一個多月皇帝的「鴨母王」朱一貴，就是以養鴨為業。據說他所飼養的母鴨，產下的鴨蛋每顆都是雙卵黃，而且無論宰殺多少隻鴨宴請朋友，鴨子的數目一隻也不會減少。更神奇的是他的鴨群會聽從他的號令，列隊排成各種攻守作戰的行陣。雖然朱一貴最後還是被清軍所擒服，但「鴨母王」的故事卻被台灣民間所傳誦，也為養鴨人家的行業添增了不少傳奇色彩。

不管鴨子是不是會聽令列隊，但鴨子確是富於群性的禽類，總是成群結隊，從不各自行動，也極少會有走失的情形。所以看顧數百隻成群的鴨子，只要手持竹竿一揮，一人之力就可以輕鬆應付。

　　鴨蛋可以製成可口耐藏的鹹蛋和皮蛋，鴨毛可以填充各種保暖用品，鴨肉更是富於蛋白質的食品，養鴨的好處實在不少。不過近年來由於養鴨業轉向專業化，養鴨的規模擴增了好幾十倍，造成河川的污染，這是很值得檢討改進的地方，千萬不要使養鴨人家變成了污染人家。

基隆河上的養鴨人家，遠處的鐵橋就是明治橋（中山橋）。　圖片出處：《台灣寫眞帖》

養豬農家

從前的台灣人，沒有食用牛肉的習慣。可能是因為農業時代不忍屠殺賣力幫助農夫耕作的牛隻，也可能因為當時人們篤信佛教不吃牛肉。

因此，豬肉就成為食用肉類的主要來源；一般談到「肉」，即指豬肉。不僅祭祀用的供品大量使用豬肉，台菜料理如果沒有豬肉便難以上桌宴客。即使是零食點心，如豬血糕、大腸籤或肉粽等也都是以豬的一些部位製成。尤其炒炸食物，大多使用豬油；俗話說「食無油菜湯」即形容窮人或吝嗇者吃食的寒酸。由於民生消費的需要，飼養豬隻就一直高居台灣畜產的王座。

當時的台灣農村，幾乎家家戶戶都以飼養豬隻為家庭副業。每天一大早起床，忙於準備豬食和餵豬，成為農家婦女日常生活的最佳寫照。

飼豬的食料，以甘薯和甘薯蔓葉為主，以碎米和大豆餅為副，間雜以麩皮、米糠或魚粉。甘薯富於澱粉質，又生長快速，以前台灣農家普遍栽種，物美價廉，成為養豬的最理想主食。

大豆餅是以大豆渣壓製而成，富於蛋白質，通常都由中國大陸進口。因此，以前農村的男人進城辦事時，定時要購買大豆餅。農夫用扁擔挑著一整個或半個大豆餅，穿過田間的小路回家，也成為當年農村的特殊景致。

至於米糠則富於香味，是誘使豬隻進食的食餌。如何調製出

養豬是從前台灣農家婦女每天必做的工作。　圖片出處：《日本地理風俗大系》第１５卷

讓豬隻喜愛吃又能長得快的食料，也是農家最關心的話題。

　　農家辛辛苦苦將豬隻養大之後，幾乎全都出售賣錢，用以貼補家用。除非是特別重要的拜拜或祭典，很少宰殺豬隻。養豬的農家反而不容易吃到豬肉，這是從前社會的實際情形。

傳統市場

清晨四點多，天還沒亮，廟口附近的空地上，已是人聲嘈雜。郊外地區的農夫，早已把季節性的農產品、蔬果、副業加工品、家畜、野禽、山獸、花木等等，挑運來此地，等待著附近商街的小販和商家前來採買。很快地，當天色逐漸明亮之際，農夫和小販間的交易已告完成。

接下來，便是進入「小賣」（零售）的階段。早晨七點多，廟口前，小販各就各位，貨品擺置整齊。即連賣小吃的「點心擔」，也早已佔據有利的位置，並且弄出熱騰騰香噴噴的食物，等

日治時代台北永樂市場交易熱絡的盛況。　圖片出處：《日本地理風俗大系》第15卷

昔日的市場幾乎都設置於寺廟前的廣場上，圖爲日治時代臺南天后宮前的市場。　圖片出處：《日本地理風俗大系》第１５卷

待顧客上門。不一會兒，早起的人們開始前來購買當天所需的蔬果魚肉和日用品，市場內便開始展開一天中最忙碌和最熱鬧的時刻。

以上，便是古時候台灣的市場每天交易情形的描述。

有趣的是，以前的市場，幾乎都位於當地主要寺廟的附近，尤其是廟口一帶。其原因並不難明白，因爲寺廟正是台灣昔日社區的發展中心。

近年來，隨著社會形態的轉變和都市的發展，又有超級市場或者以量販店形式招徠顧客的大型購物中心的興起。而舊式的市

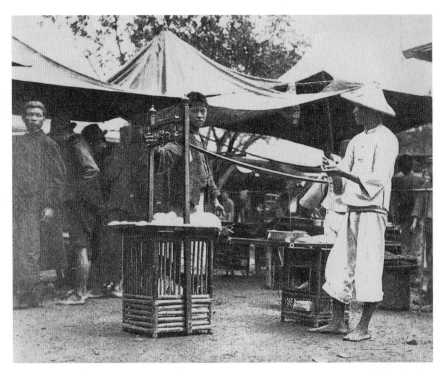

古時候上市場買東西是一件有趣的事，餸好玩又有好吃的零食，圖中賣麻籽的小販（戴斗笠打赤腳）正在搓揉著麻糬。　圖片出處：《日本地理大系台灣篇》

場就被稱作「傳統市場」以作爲區別。「傳統市場」顧名思義即：原先早已有之的市場。

　　超級市場是現代文明的產物，頗能符合現代都市人明快效率的生活需要。雖然，超級市場已有逐漸取代傳統市場的趨勢，但是傳統市場那種充滿人情味、親切而熱絡的情調，卻是超級市場所無法取代的。

傳統市場裡的捏麵人最能吸引眾人的目光。　圖片出處：《日本地理大系台灣篇》

水果攤

台灣地處亞熱帶，每逢春末夏初時節，各種水果紛紛出籠。

從前的時候，並沒有像今天一樣進口大量的水果，本地生產的水果，全都依著氣候時令的產期，相續上市。大概從春末夏初的釋迦、蓮霧、枇杷，到初夏的楊梅、李子、桃子、荔枝、楊桃，夏天的西瓜、芒果、香蕉，盛夏的梨子、香瓜、鳳梨、甘蔗、龍眼、蕃石榴，一直到秋天的柚子和柿子，此外還有椰子、木瓜和柑橘等。幾乎一年四季都有不同的水果可吃。因此，也就提供了台灣低層社會的民眾另一種謀生的行業——水果攤。

最早的水果攤是竹子編製的擔子，由小販用扁擔挑著沿街叫賣。小販把應時的水果，整齊的排放在圓竹籠中，再把圓竹籠放在擔子上，招呼顧客來選購。後來有了手推車，就推著車子到街

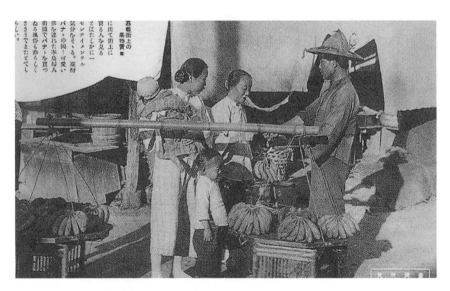

日治時代嘉義街上賣香蕉的攤販，挑著用竹子編製的擔子，沿街叫賣。
圖片出處：《台灣紹介最新寫眞集》

屋簷下的水果攤，攤子上擺滿著夏季的水果，屋簷下還吊著一串串的香蕉。賣水果的居然是一個小孩。　　圖片出處：《台灣懷舊》；創意力出版公司

頭巷尾固定的地點，等候顧客前來購買。有的乾脆就在路旁或屋簷下擺起攤子賣水果。

　　水果中含有豐富的維生素、礦物質和水份，是炎炎夏日消暑解渴的佳品，更有益於身體健康。因此水果通常是生吃，求其新鮮解渴。古時候沒有冷藏設備，也很少外銷，當令的水果盛產時，價格低廉，而且經常供過於求。當時的人們就想出一個好方法，利用台灣盛產的蔗糖，把吃不完的水果製成蜜餞，或製成「乾」如：龍眼乾、鳳梨糕、柿糕、桔餅等。不但可以長久貯藏，而且又創造了許多美味的點心，真是聰明。

台灣小吃、點心擔

擺設在廟口的「點心擔」，每個攤位都以竹竿撐著巨大的布篷，這種景觀，如今再也看不到了。　圖片出處：《台灣回想》；創意力出版公司

　　聽說台灣是全世界最會吃的國家，一年可以吃掉一條高速公路。意思是說，如果大家都能省吃節用，一年所省下來的錢就可以拿來興建一條高速公路。但是，這幾乎是「不可能的任務」。光是看看到處餐館林立，從早到晚大宴小酌不斷，便可以明白。就連一些小朋友也染上了好吃的惡習，不覺中吃成了小胖子。

　　古時候的台灣又是怎麼樣的情形呢？前清時代的台灣，很難找到所謂的餐館或飯店。遇有節慶需要請客時，通常由婦女下廚，在家裡設宴招待客人；如果是比較大的場面，譬如婚禮或大慶典的宴席，頂多是請「總庖」（臺語，唸作：ㄗㄨㄥ ㄆㄛˋ，即廚師的意思）來家裡做菜，如此而已。

不過，雖然沒有餐館，還是有賣小吃的路邊攤，即所謂的「點心擔」（擔，台語唸作：ㄉㄚˇ）。從前農業時代，勞動量大，又蛋白質攝取不足，比較容易飢餓，尤其在農忙的時候，需要在正餐之間另外進食，藉以補充體力，這就是台灣人吃點心習慣的由來。點心的種類因各地物產的差異而有不同的變化，後來逐漸發展出具有地方特色的傳統小吃美食，「點心擔」也就因運而生。

　　從前的「點心擔」都擺設在廟口和市集裡，他們的設備雖然

日治時代台北最熱鬧的永樂市場四週空地上，擺設著各式各樣的點心擔。
圖片出處：《日本地理風俗大系》第１５卷

賣小吃的路邊攤，各種傳統美食應有盡有，老人小孩都喜歡。　圖片出處：《日本地理風俗大系》第１５卷

簡陋，但都以真材實料和物美價廉吸引路人。流傳至今的，不下數百種，如：蚵仔麵線、筒仔米糕、麵茶、碗粿、米糕粥、涼粉條、米笞目等等，光是聽到名稱就足以令人垂涎三尺。當時的「點心擔」都以竹竿撐起巨大的方形布篷藉以遮日避雨，構成一幅十分有趣的景觀。

§ 胼手胝足的歲月 §

茶葉飄香女工忙

古代台灣，除了南投深山裡產有少量的野生茶以外，並無茶樹的栽種。到了嘉慶年間（十九世紀初）才有漢人相繼自福建引進茶樹，先後在台北的新店、石碇、文山一帶種植，並將茶葉運往福州販售。1850年代時，台北只有兩個茶園；可是到了1877年，台北盆地附近的山坡上幾乎都種滿了茶樹。短短一、二十年間，台灣一躍而成為茶葉出口王國，台灣茶的美名也因此享譽海外。

導致台灣茶業飛速發展的主要原因在於：1860年台灣開放對外貿易，外商投資茶業經營，以及製茶技術的改良。從1866年到1894年，不到三十年之間，台灣烏龍茶的出口量足足增長了一百倍以上！由於當時茶園大多分佈於台北近郊，而茶商又全集中在

婦女們辛勤地忙著採茶。　圖片出處：《攝影台灣》；雄獅圖書公司

正在揀茶的婦女。　圖片出處：《台灣紹介最新寫真集》

大稻埕（今台北市大同區），所以茶業的興盛也大大促進了台北城的繁榮。

　　茶葉生產過程，從栽種、採收、粗製到精製，均需大量人工。尤其「採茶」和「揀茶」等工作，較不粗重但需手巧心細，幾乎全是女人和小孩的天下。據統計，繁忙趕工時，光是每天在大稻埕茶行受雇揀茶的女工，就超過兩萬人。也有傳說：「揀茶女工不足時甚至以長竹竿圍趕行路的婦女加入趕工。」可見當時的盛況。

　　當時在茶行工作的女工，衣著端莊、妝扮整齊，喜愛在頭上插著玉蘭花作髮飾，花香飄逸，舉止文靜而嫻淑，使得商機繁忙的大稻埕處處充滿著茶香、花香，和溫柔而美麗的景致。

走過開坑採煤的辛酸歲月

　　煤礦的形成，是由於地層的變化，把森林埋在地下。在特殊情況下，埋在地底的樹木並沒有腐爛，只是被某種微生物分解，而留下碳素。這些碳素被壓成固態的物質，就成為煤礦。

　　台灣也有煤礦的蘊藏，主要分佈於北部的基隆與臺北之間。雖然早在三百多年前，荷蘭人就曾在基隆八尺門一帶採煤；但是台灣煤礦的正式開採，要等到清領時代後期的1870年代以後。原因是清朝的官僚鄉紳認為開挖煤礦會傷及「龍脈」、影響地方安寧。日治時代，隨著鐵路通車、糖廠興起、產業發展、輪船往來，做為動力燃料的煤，需求量大增，於是台灣煤礦開始走進大量開採時期。

　　採煤是一件十分辛苦而且危險的工作。礦工必須屈身在漆黑狹窄的坑道裡，費勁地挖掘坑壁上的煤塊。不僅如此，由於地熱和氣壓的關係，令人呼吸困難，稍稍用力，立刻全身皮膚發紅、汗流如雨、氣喘如牛，因此礦工往往需要全身裸體才能工作。而且煤屑炭粉四處散落，不時掉在礦工的身上和臉上，非常難受。尤其，礦坑裡時常會溢出瓦斯，一不小心就會引起爆炸，造成災變，十分危險。

　　台灣的礦場，安全工作一直未受重視，而大部分礦坑越挖越深，危險性因此增高，每年傷亡人數都達數千人以上。到了1970年代，更是災變頻傳，加上動力燃料已逐漸被其它燃料油所取代，台灣煤礦的開採就因此畫下了休止符。只留下一個個荒廢的礦坑，供人憑弔。

採煤是一件十分辛苦而且危險的工作，礦工必須屈身在漆黑狹窄的坑道裡，費勁地挖掘坑壁上的煤塊。　圖片出處：《台灣紹介最新寫眞集》

礦坑內負責挖煤的礦工，把煤礦裝在輕便車內，再由負責運搬的工人將一車車的煤礦推出坑外。
圖片出處：《台灣紹介最新寫眞集》

煤礦出坑之後，還要加以「選洗」：揀出石頭泥塊等雜物，並用水洗去黏在煤礦上的泥土。由於這項工作比較輕鬆，礦場老闆都採用廉價的女工和童工。
圖片出處：《日本地理風俗大系》第１５卷

河邊洗衣的歲月

通常當左鄰右舍的婦人群聚在溪邊洗衣服時，大家便會一起閒話家常，一則紓解洗衣的
辛苦，一則交換資訊並連繫情誼。　圖片出處：《台灣懷舊》；創意力出版公司

　　傳統台灣社會，即所謂「男主外、女主內」的社會。「女主
內」的另一種含意就是說：家裡大大小小的家事，包括煮飯、洗
衣、帶小孩等等，全都要落到女人的頭上。

　　但是在古時候，根本沒有洗衣機，也沒有洗衣粉，甚至連自
來水都沒有，洗衣服可不是一件輕鬆的差事。家庭婦女耗費在洗
衣服上面的時間和力氣，不曉得是現代人的多少倍。

　　每天清晨起床後，婦女的例行家事依序是：洗手、起火、炊
飯、燒茶、服侍家人起床、梳頭、洗面、化妝、燒香拜神、用早
餐。等到全家大小用過早餐，各自去進行各人的事之後，家庭婦

女便得忙著洗衣服了。她們捧著一只大木盆，裡面裝全家人的髒衣服，走到附近的河邊、溪畔或圳溝旁邊，然後蹲在水邊，猛力地搓洗衣服。

從前並沒有什麼環境污染，無論是河水、溪水、或圳溝裡的水，都是清澈見底、水質乾淨，用來洗滌衣物相當方便。只是因為沒有肥皂之類的洗潔劑，所以必須靠腕力，不停的搓洗，直到洗掉污垢為止，可說是相當辛苦。

蹲在水邊洗衣服，雖然很吃力又辛苦，但是她們一定穿著莊端的衣服，把頭髮梳理得整整齊齊的。從這一點，也可看出傳統台灣婦女的美德。

一位梳理穿戴整齊的台灣婦女，正跪在圳邊，專心地搓洗著家人的衣服，她的姿影為台灣女性留下一幅永恆的畫面。　圖片出處：《台灣懷舊》；創意力出版公司

糖廊

　　也許大家都知道：我們日常的食用糖是由「台糖公司」生產供應，但很少人知道：台灣生產和使用蔗糖的歷史至少可以追溯到六百多年以上，比漢人移民來台灣還要早上好幾百年。早在十四世紀之前，台灣的原住民就已經懂得用甘蔗的糖漿拿來釀酒（元朝的旅遊家汪大淵在《島夷志略》書中便記載著：「釀蔗漿為酒」）。

　　不過，台灣糖業的奠基和發展，是到了十七世紀的荷據時代才正式起步。由於荷蘭人看上了蔗糖的經濟價值，便積極獎勵漢

糖廊 是用竹子和稻草搭建而成，從外觀看，好像是一座巨大的稻草丘。 圖片出處：《台北古今圖說集》；台北市文獻會出版

前面是已經搭好的糖廍，後面則是搭建中的糖部，可以清楚看到竹子作成的骨架。
圖片出處：《日本地理大系台灣篇》

人移民植蔗製糖。於是蔗糖產量大增，1650年時蔗糖之生產已達6,000公噸，出口遠及波斯和荷蘭，運銷日本每年在4,000公噸以上。鄭成功繼荷蘭治台之後也繼續提倡糖業，由福建輸入蔗苗並改良製糖方法。到了滿清領台的十八世紀初年，蔗糖產量已達18,000公噸。十九世紀中業以後，台灣開放對外貿易，糖業也更為發達。1880年時台灣蔗糖產量高達73,000公噸，創空前紀錄。

當時蔗糖的製作全賴人力和手工，而製糖的工場則被稱作「糖廍」。「廍」這個字很特殊，連《康熙字典》都查不到，是台灣特有的字。「廍」字注音是ㄅㄨˋ，台語唸作ㄆㄛˇ，它的意思和「蔀」字相通，是指蓋在棚架上的草蓆。「糖廍」就是一種圓錐形的大棚屋，它的底部直徑約十五公尺，高約九公尺，用很

工人在糖廍內利用牛隻為動力，運用「槓桿原理」轉動四具圓柱形石造蔗車（滾筒），將甘蔗硤榨成蔗汁。通常甘蔗要經過反復三次的硤榨，每一〇〇斤甘蔗經三次硤榨，約可榨出六〇斤的蔗汁。　圖片出處：《台北古今圖說集》；台北市文獻會出版

露天的糖廍。從此照片中更能清楚看出：甘蔗被塞入兩具石造滾筒（蔗車）緊密的縫隙間，利用滾筒的相互滾動，一面把甘蔗硤榨出汁，一面把蔗渣滾滾帶出去。
圖片出處：《台北古寫真帖》

長的竹子做支架，並以稻草覆蓋。工人們在糖廊內把甘蔗硤榨成蔗汁，然後再將蔗汁去渣澄清，並用熱鍋加以煎煮，經三、四回換鍋煎煮把蔗汁熬成純淨濃稠的糖汁後，待其冷卻便可製成砂糖。

這種古老的製糖方法，一直到了二十世紀日治時代，才逐漸被新式糖廠所取代。台灣今天已完全看不到「糖廊」了，不過有些地方還保留著「廊」字的地名，如：蔗廊、中廊、廊子、新廊、舊廊、大廊等，足以為歷史見證。

工人在簡陋的屋舍中（通常蓋在糖廊的旁邊）煎煮蔗汁。首先用石灰澄去殘渣，然後轉入鍋內經過三、四回的熬煮（蒸發水分），最後待其冷卻凝結，便可製成蔗糖。
圖片出處：《台北古今圖說集》；台北市文獻會出版

染布與研布

　　從前台灣並不生產棉花，除了原住民取苧麻織布外，以前台灣人的衣料布帛，都得仰賴外地輸入。通常是從中國大陸運來素布，再經加工染色。

　　當時的染料是取植物的汁液做天然染料。其中最著名的染料植物木藍，是俗稱「菁仔」的豆科常綠灌木，汁液色澤濃厚，可以染成各種深淺度的藍色，而且耐洗不褪色，十分實用而受歡迎。此外，還有可做黃色染料的薑和做茶褐色染料的薯榔等植物。過去，台灣的染布業相當興盛，幾乎每個城鎮都有好幾家被當時人稱作「染房」的染布店。

　　染布的方法，是將布料浸入染料汁液中，撈出後鋪在草地上曬乾，曬乾後再浸入染料中，取出再曬乾，如此反覆直到滿意為止。

　　布料經染色後，還要加以研壓，把染布的縐紋壓平，使布匹織目密實並增加光澤。這道手續稱作「研布」。

　　研布用的「研石」形狀十分有趣，呈「凹」字形。研布時，先在地上鋪放一塊厚木板，然後用一根木軸將染布捲起來放在木板上，再將研石壓在最上面，工人雙腳踩在研石兩端，左右搖動加以研壓。通常一尺布需搖動研石研壓30次以上，費時約30秒。

兩名染房的工人正在店門口研布，吸引了不少小孩子和鄰人圍觀。
圖片出處：《台北古今圖說集》；台北市文獻會出版

水車

大約三十多年前，有一首相當受歡迎的台語流行歌＜水車姑娘＞。歌詞大意是說：身為農家的女兒，為了幫忙年邁的父親，每天踏著水車勤快地工作，並且期待著總有一天生活能獲得改善。雖然曲調是抄襲日本流行歌謠，但旋律優美又帶著一股淡淡的哀愁，很能引起人們的共鳴。在那個年代，大多數的台灣民眾，對於「踏水車」還留著相當深刻的印象。

台灣農村普遍種植水稻，引水灌溉水田，成為最重要的農事之一。但是因為台灣的河川，河床陡而水流急，加上雨水集中，

全靠人力踩踏汲水入田的龍骨車，多見於臺灣南部。　圖片出處：《日本地理大系台灣篇》

較小型的龍骨車，一個人也可以踩踏汲水。　圖片出處：《日本地理風俗大系》第１５卷

往往雨季過後，水量快速流失，經常要面臨著枯水期缺水的難題。因此早在十七世紀荷蘭人局部佔領時期，便有農田水利的設施，如台南有名的「紅毛埤」。「埤」即是人工開鑿的池塘，用以蓄水。到了滿清時代，隨著土地的大量開墾，又有水圳的開鑿。「圳」就是溝渠，用以引水，比較有名的有：八堡圳（彰化）、曹公圳（鳳山）和瑠公圳（台北）等。日治時代，更有桃園大圳和嘉南大圳的興建。

　　然而，即使是開鑿興建了許多的埤和圳，但仍然還有不少圳水到達不到的地方，或者是雖然有圳水流過但稻田高於水圳不好灌溉，這時候就需要水車的協助。

　　水車有兩種：一種是用竹子做成像大輪子似的大水車，利用水流轉動水車，汲水注入懸空高架的渠道，再將水引至附近的田

地　。另一種則是用木材做成的「龍骨車」，必須靠雙腳不停的踩踏，才能把圳水汲入稻田，是一種很辛苦的工作。前面所提＜水車姑娘＞這首歌歌詞裡的「踏水車」，指的是龍骨車。

近年來，農夫都已改用馬達抽水，無論是巨輪狀的水車或腳踏的龍骨車，早已不見踪影了。

利用水流轉動水車，汲水入田的大水車。　圖片出處：《台北古今圖說集》；台北市文獻會出版

也有像巨輪般的大水車，多見於台灣北部。　圖片出處：《台北古今圖說集》；台北市
文獻會出版

香蕉王國

香蕉輸往日本之前，要先經由「台灣生果株式會社」檢查合格，並分成五個等級。圖爲台中檢查所正在檢驗的情形。　圖片出處：《日本地理風俗大系》第１５卷

　　台灣地處亞熱帶，盛產各類水果。尤其每逢南風薰人的盛夏時節，水果攤上就會擺滿了令人垂涎欲滴的香蕉。金黃色的外皮包裹著柔軟甜美的果肉，並且散發著濃郁的香味，不愧名爲：「香」蕉。

　　據稱，台灣原來不產香蕉，是早期的移民從中國廣東和南洋引進的。起初只是少量種植，日本據台之後因日人十分喜愛香蕉的美味，而於1901年開始將香蕉輸往日本。此後，香蕉的種植面積和生產量逐年增加，而運往日本的輸出量也從1901年的數百籠增加到1986年的五百八十多萬籠，成爲當時中日貿易的大宗，並

為台灣博得了「香蕉王國」的美譽。
不過，隨即在1969年爆發了貪瀆舞弊
的「剝蕉案」，再加上日本市場被菲律
賓和南美洲的香蕉搶去，台灣香蕉的
外銷就此一蹶不振，而香蕉王國的美
譽也從此成為歷史名詞。

　　所幸部分蕉農仍然繼續辛勤地經
營著歷代傳下的香蕉園，使我們至今
還有口福嚐到台灣特產的美味。雖
然，近來市面上大量出現了各式各樣

日治時代，台灣香蕉由基隆港輸往日本，是當時最大
宗的輸出水果。由於當時多用竹籠包裝，所以輸出量
以「籠」為計算單位。　　圖片出處：《日本地理風
俗大系》第15卷

日治時代香蕉交易的盛況。　　圖片出處：《日本地理大系台灣篇》

從前香蕉的運送全靠人力。圖中的挑夫，無視於肩挑重擔的辛勞，只自顧綻放出燦爛的
笑容，正是昔日台灣住民憨厚淳樸性格的最佳寫照。
圖片出處：《日本地理風俗大系》第１５卷

的外國水果；但是，物美價廉的台灣香蕉，還是有她不可替代的
地位。何況細嚼香蕉、口齒溢香之際，還可以懷想悠悠歲月和台
灣鄉土的芬芳。

§ 福爾摩沙的寶藏 §

台灣最古早的油井

距今182年前（清嘉慶22年，西元1817年），有一位苗栗公館開墾的漢人吳芳琳，無意間在後龍溪發現水面飄浮著浮油，據說這就是台灣發現石油的由來。起初，人們並不曉得這種會發出刺鼻味的怪油到底是什麼東西，但不久就懂得自溪中撈取，加以煎煉當作燃料了，尤其在沒有電燈的古代，拿來燃點油燈十分好用。到了咸豐11年（1861年），一個叫邱苟的人，更在溪畔找到油苗，開挖一口約3公尺深的油井，每天汲取原油出售，發了一筆橫財。而且這台灣的第一口油井，距離世界第一口油井的開採時間只晚兩年。

日治時代的苗栗街，有後龍溪水灌溉著良田，出礦坑在不遠的山間。　圖片出處：《日本地理大系台灣篇》

日治時代寶田石油公司在出礦坑鑽鑿油井。 圖片出處：《台灣寫眞帖》

　　古時候人們稱石油爲「礦油」，因爲出產礦油的原故，大家
就把該地取名爲「出礦坑」。然而出礦坑的石油開採並不太順利。
首先是邱苟因貪圖暴利，把油礦的權利同時賣給兩主，導致嚴重
的糾紛，油井終於被淸廷給查封。後來雖然重新開禁，並由政府
經營，鑽鑿了五口油井，但因礙於技術等限制，產量十分有限。
直至日治時代，日本人投下更多的財力和人力，又鑽鑿成功了78
口油井，使原油總產量高達十八萬公秉。不過好景常，由於幾十
年大規模的淺層開採，油氣逐漸枯竭。幸好中油公司自1961年
起，在深層開採出大量的天然氣，出礦坑才又起死回生。這個台

灣石油的發祥地，如今仍然供應著豐富的天然氣給我們使用，我
們除了應該感謝她一百多年來的奉獻，並且也要懂得資源有限，
珍惜能源。

日治時代的出礦坑村落，道路上鋪有台車的鐵軌。
圖片出處：《日本地理風俗大系》第１５卷

曬穀、曬米粉和曬甘藷簽

曬穀。農民忙完割稻和打穀後，就將稻穀鋪在平坦處曝曬。
圖片出處：《日本地理大系台灣篇》

　　台灣地處亞熱帶，氣候溫暖，而且除東北部和山區雨季較長以外，其他地區每年平均晴天日數，大約有110天左右，南部的台南、高雄等地，甚至高達160天以上。當天氣晴朗時，陽光普照，炙熱的太陽，很快就可以把水氣蒸發掉。因此，從前的台灣人很懂得利用這種大自然的能源，拿來曬製食物，以利於長期儲存。

　　最常看到的是「曬穀」。每逢農忙時節，人們忙完割稻和打穀（從稻穗上打下稻穀）之後，就開始把成堆的稻穀鋪在稻埕或平坦處曝曬，等稻穀曬乾後，便可以收藏在穀倉裡長期存放。

同樣的，台灣的傳統米食「米粉」，在製造過程中，更需要藉助於陽光的曝曬。首先，把白米磨成米漿，然後裝進布袋搾去水份，再放入蒸籠蒸成半熟，取出後壓成米粉條，放入大鍋煮熟，最後把米粉條撈起來，斜放在竹架上，利用陽光曝曬，等曬乾後，就做成米粉了。

曬米粉。米粉在製造過程中，非常需要陽光的曝曬。
圖片出處：《日本地理大系台灣篇》

曬甘藷簽
圖片出處：《台灣名勝風景寫真帖》

　　至於「甘藷簽」的做法，更為簡單，只要把甘藷削成細簽，然後舖放在地上曬乾即可。從前台灣一般家庭都很貧窮，吃不起白米飯，大都把甘藷簽摻在米裡面，煮成甘藷簽飯或甘藷簽粥，當作三餐的主食。甘藷簽曾經養活了不少的台灣人。

　　此外，像製造蜜餞、曬蘿蔔乾、曬麵線、曬烏魚子，還有曬鹽等，都少不了陽光。可見「日照」是台灣另一項天然的資源。

北投溫泉

一九一三年日本政府耗資七萬日圓興建的「北投公共浴場」，今已列為三級古蹟，在北投公園旁邊。　圖片出處：《日本地理風俗大系》第１１卷台灣篇

　　台灣的地名十分有趣，像「北港」位於南部（雲林），而「南港」卻在北部（台北）。原因是台灣的許多地名都是從原住民部落名稱直接音譯出來的，並不是根據地理方位而命名。至於中部的「南投」和北部的「北投」，也只是碰巧南北相對，原先也都只是原住民部落的名稱。

　　台北市的北投區在17世紀時是原住民平埔族的村落，清朝的文獻史料都稱做「北投社」。北投社因位於大屯山火山區，富於地熱和硫氣，自古以來就以出產硫黃而聞名。硫黃是製造火藥的重要原料，17世紀西班牙人和荷蘭人佔領時期，都有開採硫黃的紀錄。1697年，清朝的探險家郁永和，歷經艱險來到此地採煉硫黃，並留下一部有名的遊記《裨海紀遊》，成為台灣史的重要文獻。

此後，有一段很長的時間，因爲清政府爲了嚴禁不法採硫、私製火藥，下令封閉硫黃礦區，導致北投地區遲遲未能開發。直到1887年開禁，北投才逐漸形成市街。

　　1894年德國籍的硫黃商人首先發現此地的溫泉，可惜大家還不明白溫泉的效用和價值。1896年，日本商人創辦「天狗庵旅舍」，成爲北投溫泉旅館的濫觴。1913年日本政府更投資了七萬日圓，蓋了一座豪華的「北投溫泉公共浴場」。於是當地的浴場、旅館、飯店、酒樓如雨後春筍般的興起，北投的溫泉旅遊業便因此而繁榮起來。此後北投就成了休閒旅遊的勝地，直到今天還是大台北地區居民假日活動的最佳去處之一。

「北投公共浴場」採日式與西式合璧的建築形式，十分豪華壯麗。圖爲內部的浴室，設備完善。　　圖片出處：《台灣寫眞帖》

嘉南大圳

嘉南大圳興建時的情景。圖為大型掘鑿機正在進行挖掘砂石作業。
圖片出處：《台灣回想》；創意力出版公司

　　嘉南平原是台灣最大的平原，也是最主要的農業區。由於當
地氣候溫和，適宜栽培水稻、甘蔗和各項雜糧，如甘藷、落花生
等。數百年來，這塊土地，養活了無數的台灣子民。

　　然而，從前在這裡耕作的農民，一直為排水不良和缺乏水利
灌溉所苦。雨季時容易積水，旱季則缺水灌溉，農民只能看天吃
飯，農作收成，時好時壞，很不穩定。

　　日治時代，當時的嘉義廳長曾向總督府土木局要求興建大圳
以利灌溉，但因工程困難而做罷。後來於是改請八田與一先生負
責勘查、規畫設計和監造。從一九二〇年九月開始動工，歷盡艱
辛，克服萬難，至一九三二年，一舉解決了嘉南平原的灌溉和排
水問題。

嘉南大圳工程，包括汲取水的引水渠道、貯存供水的「烏山頭水庫」、輸水灌溉的幹線和支線、排水的水路以及防止海水倒灌的隄防等，規模十分完備。全部完工以後，灌溉面積達十五萬甲，遍及雲林、嘉義、嘉南三個縣分。

　　灌溉供水以後，嘉南地區的稻米、甘蔗、雜糧等農作收成，增加為以前的二到五倍。人們為表彰八田與一先生的功績，特在烏山頭水庫興建一座八田與一的銅像，以資紀念。

　　八田與一先生後來不幸在二次大戰後，於航途中死於海上。八田與一的妻子，在聽到先生罹難的噩耗後，竟投烏山頭水庫自盡。八田先生和夫人雖然身為日本人，但他們的精神和事蹟，成為嘉南平原最美麗的傳奇之一。

壯觀的嘉南大圳。　圖片出處：《日本地理大系台灣篇》

國家圖書館出版品預行編目資料

看見老台灣／張建隆著 . -- 第一版.
　-- 臺北市：玉山社，1999 [民 88]
　　面；　公分. --（影像・臺灣；29）
　　參考書目：面
　ISBN　957-8246-21-8（ 平裝 ）

1. 台灣－歷史　　　2. 台灣－社會生活與風俗
3. 台灣－照片集

673.22　　　　　　　　　　　　　88011949

影像・台灣 29

看見老台灣

作　　者／張建隆

發 行 人／魏淑貞
出 版 者／玉山社出版事業股份有限公司
　　　　　台北市106仁愛路四段145號3樓之2
　　　　　電話／(02) 27753736
　　　　　傳真／(02) 27753776
　　　　　電子郵件地址／tipi395@ms19.hinet.net
　　　　　玉山社網站／http://www.tipi.com.tw
　　　　　郵撥／18599799 玉山社出版事業股份有限公司

總 經 銷／吳氏圖書有限公司
　　　　　台北縣中和市中正路 788-1 號 5 樓
　　　　　電話／ (02) 32340036 (代表號)

主　　編／蔡明雲
編　　輯／陳嘉伶
封面設計／丁小雨
行銷企劃／魏文信、許家旗
法律顧問／魏千峰
印　　刷／中原造像股份有限公司

定價：新台幣 320 元
第一版一刷：1999 年 10 月　　　第一版九刷：2006 年 3 月